Eine einzigunartige Singlebörsenphilosophie

Ein Buch voller Frechheiten und sehr légèr
verpackten Weisheiten ...

Auflage Dezember 2011
perVersion 1a
Copyright © 2010
DichterMann@wolke7.net
www.dichtermann.jimdo.com

Herstellung:
Books on Demand GmbH, Norderstedt
ISBN: 978-3-7481-0173-4
www.bod.de

zum lachen, denken und verschenken!

Inhalt

Der Autor

DichterMann

Persönliche Angaben:

Alter: 42 Jahre
Größe: 187 cm
Frisur: Schwanz
Geschlecht: Gehtgut
Sternzeichen: Stacheltier
Beruf: Singlebörsendichter
Beziehungsstatus: Ex-Single

Persönliches Statement:

Fragst Du dich, wieso das Titelbild vorm Kühlschrank!?

Es war Winter, aber es war nicht kalt
also versuchte ich es mit Gewalt
denn der Pulli war mir viel zu mollig
und mein Schnulli viel zu heiß und rollig ☺
Ich suchte eine Abkühlung ...

Vordichtegeschichte

Nach dem Ende einer fünfjährigen Beziehung vergrub ich mich in der PC-Arbeit. Nebenerscheinungen: Pizzamonokulturen im Kühlschrank, begleitet von sozialer Antriebslosigkeit.

Ich nahm mir vor das zu ändern!
Nur wie? ... ohne den Arsch hochzukriegen!?
Die Lösung lag auf der Hand ...

Die Internet-Partnersuche sollte mir helfen meine neue Traumfrau zu finden, ohne dass ich dafür eine lange Reihe Partyexzesse, Kochgruppen, Tanzkurse, Tuppertreffen oder ähnliche Selbsthilfegruppen über mich ergehen lassen muss.

Besser konnte ich's mir gar nicht vorstellen als einfach sitzen zu bleiben und mir dann eine Daseinsbegleiterin aus dem reichhaltigen Onlineangebot auszusuchen ... und wenn ich die gefunden habe, dann würde mein Leben bestimmt wieder in geregelte soziale Bahnen gleiten ... dachte ich ...

Meine Ex war sogar so freundlich mir einen Link zu einer kostenlosen Partnerbörse zu verraten, auf der sich auch eine ihrer Freundinnen mit Begeisterung tummelte ... Es tat ihr wohl leid zu sehen, wie ich langsam am PC desozialisierte.

Mein erster Vorstellungstext auf der Singlebörse lautete dementsprechend ganz schlicht ...

"Hallo, wer schafft es mich von der PC-Arbeit mal wieder ins heitere und bewegte Leben zurückzuholen!"

Drei lange Tage studierte ich unermüdlich sämtliche Singleprofile im Umkreis meiner hannoverschen Heimat.

Ich schrieb den Damen meiner Wahl sehr schöne individuelle Begrüßungsmails … der erhoffte euphorische Rücksturm ließ allerdings auf sich warten … ☹

Lediglich eine halbe Handvoll der vierzig in meinem Profil als Favoriten gesammelten Frauen reagierten bestenfalls mit Äußerungen wie … *"Du scheinst ja noch ein Normaler zwischen diesen Spinnern hier zu sein. Lass dich nicht unterkriegen. Viel Erfolg noch und tschüss!"* …

Bald wird *Normaler* sich aber noch ganz anders entwickeln … :o)

Zugegeben, es verbitterte mich ein wenig, wie meine Mühe irgendwo im World-Wide-Web zu verpuffen schien. ☹

Ich überlegte also, wie ich meine Werbungsschreiben effizienter gestalten könnte … und weil ich mich inhaltlich nach der fünfzigsten Mail sowieso schon sehr halbherzig zu wiederholen begann, dachte ich mir, dass ich diese Wiederholungen dann doch auch systematisieren könnte, legitimiert durch eine gereimte Form, um damit ohne großen Aufwand per Copy & Paste bei den Damen vorstellig zu werden.

So mutierte ich vom DJ und Musikproduzenten zum Single-börsendichter und vergaß über die Reimerei fast völlig meine eigentliche Arbeit und irgendwann sogar mein ursprüngliches Anliegen, eine Frau zu finden!

Ich dichtete einfach nur noch in die Masse hinein …

Während meiner achtmonatigen Börsenmaklerei kam es so zu vielseitig abwegigen, virtuellen sowie realen Begegnungen … und inspiriert von den unterschiedlichen, aber immer wiederkehrenden börsentypischen Situationen, zu einem umfangreichen Reimrepertoire, das ich mehrwegmäßig verwenden konnte und das ich euch mit diesem Buch gerne vorstellen möchte … ☺

Ein wesentlicher Unterschied der Gedichte ergab sich zwangs-läufig durch ihre Bestimmung für; entweder private E-Mails oder den Einsatz in Gästebüchern, welche aufgrund der Webseitentechnik auf 500 Zeichen begrenzt sind. Gästebücher sind öffentlich und können von allen Börsen-mitgliedern gelesen werden. Daher haben diese auch einen besonders hohen Effizienzwert, um sich auf der Börsenbild-fläche publik zu machen ... eben auch bei Leuten, die man nicht direkt anschreibt.

Ferner ergaben sich Gedichtkategorien für verschiedene Profilcharaktere und Kategorien, die sich auf bestimmte Phasen des Reimflirtings bezogen, wie z.B. ... Vorstellungs- und Willkommensgedichte, Kritikgedichte, Zickengedichte, Entschuldigungsgedichte ... und nicht zuletzt natürlich auch Liebesgedichte! ... aber das waren sie ja eigentlich alle, irgendwie! ☺

Die Vorstellungsgedichte habe ich auf meiner Profilseite im Vorstellungstext, dem sogenannten "Persönlichen Statement" platziert oder wahlweise auch als Gästebucheintrag, oder per E-Mail an vermeintlich interessierte Damen geschickt.

... *Puuhhh* ... damit komme ich nun endlich zum ersten Kapitel meiner Gedichtsammlung ...
☺

Die Singlebörsendichtegeschichte
Eine dichterische Studie über 8 Monate Online-Extreme-Flirting

Kapitel 1 - Vorstellungsgedichte

Eigentlich war ich DJ, doch nun bin ich noch dichter ... ehem,
Dichter! ... weil, einem DJ tun die Frauen nicht trauen
und einem Dichter? ... Na, mal schauen!
Also werde ich jetzt ...

"dichter suchen"

Dichter mann sucht dichte frau
wo? ... das weiß er nicht genau
er stöbert hier wie jeden tag
ob er eine von denen mag ...

Dichte frau sucht dichtermann ...
sie ist so schlau und sucht nicht lang
wartet nur auf dichtermann

Na dann, hier kommt der ...

"DichteMann"

Suchst Du einen dichten mann
selbst wenn der nicht richtig dichten kann?
Stöberst dann durch singelbuden ...
dort triffst Du nur auf schlingelbuben :o(

Aber bei weitem triffst Du keinen zweiten
der so dichten kann ... wie ich!
Der SinglebörsenDichteMann

Als ich noch klein war, so bis dreißig
war ich sogar für'n bizeps fleißig
aber nicht in so'ner single- oder muckibutze
weil ich lieber die natur benutze

Die frauen waren mir wohl gesonnen
die dummen hab' ich abbekommen
sie verzehrten sich nach meinem körper
doch verstanden sie nicht meine wörter

Irgendwann war's mir egal
ich treffe eh die falsche wahl ...
Dann spielte ich mit solchen sachen
die viel ruhm und geld mir machen

Nun traf ich auf jene frauen
die gerne mich beklauen
andere wiederum waren selbst nicht dumm
die trauten sich an mich nich' ran
ich war ein viel zu schlauer mann ...

Jetzt stöber ich durch dies' portal
die frau zu finden meiner wahl ...
Anonym, dacht' ich, so geht das besser
lauf' nicht direkt ins offene messer

Da hab' ich nur zu schnell gedacht
auch wenn das stöbern freude macht
fand ich noch keine richtig echte
na, dann bleib ich halt allein und knechte :o)

Wie mann's macht, macht mann's nicht richtig
ist mir jetzt auch nicht so wichtig
bleib' ich eben froh und frei
es ist halt so und bleibt dabei!

Bis zur wende dies' gedichtes
gibt's kein ende, nur ein schlichtes
gemäß dem guten grundsatz dann ...
Nur ein Dichter ... ist ein richt'ger Mann!

... oder!? ... also dann, ab dafür ... und heiter weiter ... ;-)

Wie es bei solchen Bewerbungsportalen nun mal ist, man kann sich nie vollständig präsentieren und es fällt einem immer wieder etwas Wichtiges zum ergänzen ein.
Zum Beispiel, wie es mir von meinen gefallenen Traumfrau-vorgängerinnen mitgeteilt wurde, bin ich nämlich ein ...

"Viel zu DichterMann"

Ich bin ein Mann der Muse und Natur
nur meinen Tabak rauche ich nicht gern' pur
ich bereiste die Welt wie ein Vogel so frei
aber die große Liebe war nirgends dabei ...

Viele küssten mir die Hände
doch das fand meist ein schnelles Ende
denn wenn ich denen untern Rock dann wollte ...
hieß es, dass ich's lassen sollte ☹

Aber wollt' mich mal Eine ganz fest nageln
schlich' auch ich mich fern der Liebeshageln
und lief drum was ich retten kann
vom "viel zu DichterMann" ...
;-)

Das soll natürlich nicht bedeuten, ich würde nicht ernsthaft suchen. Natürlich suchte ich!
Meine Suche gestaltet sich nur etwas komplexer als der Kauf eines Brötchens, bei dem man schon vorher weiß, ob man es mit Wurst, Käse oder Marmelade belegen möchte.
Selbstverständlich suchte ich ernsthaft alles Mögliche ... einen Flirt, eine Bekanntschaft, ein Abenteuer, eine Freundschaft, eine Beziehung, eine Liebe ... im Wesentlichen aber eine Frau! Zumindest dessen war ich mir sicher ...

12

"ich schwöre!"

Willst Du wissen ob ich wirklich suche?
klar! Ich bin doch kein eunuche
auch für'n flirt zu zweit bin ich bereit
flirten schlägt mit spaß zu buche!

Doch was ich wirklich finden will
ich meins jetzt ernst ... es klingt schon schrill :o)
ist die mutter meiner künft'gen gören!
glaubst Du's mir? ... ich würd's auch schwören!

Vor der liebe kann man sich nicht retten
die kommt schon noch, da möcht' ich wetten!
doch wenn mich bis dahin nur affären nähren
werd' ich mich auch da nicht wehren ...
echt, ich schwöre!
;-)

Ob ich mein Brötchen nun lieber mit Wurst oder Käse belegen
möchte, geht also die entscheidende Frage voraus ...

"Machst Du Kinder?"

Würdest Du mir keine kinder schenken
was sollen denn dann die nachbarn denken
wenn ich die mit einer anderen machen muss
wär' mit uns bestimmt bald schluss

Das fänd' ich aber wirklich schade
weil ich Dich doch gerne habe!
Aber würde ich Dir gleich die kinder machen
dann verginge uns ganz schnell das lachen
und es geht los mit dem geplärre
bis ich die in keller sperre

Also lass uns lieber warten
bis wir einen großen garten haben
da können die zu zweit dann hotten
während wir schon für das dritte poppen!

D.h. ich bin recht flexibel, aber welche Frau ist wohl wie …

"Mein Beuteschema! … ist wie Du?"

Niemals könnte ich es lassen
eine schöne frau auch anzufassen
wo andere sich nicht einmal trauen
ihre eigene frau mal anzuschauen
Man rügt mich auch ich wär' ein mann
der von jungen frauen nicht lassen kann
dabei ist es eher so
ich such' mein glück halt irgendwo
nur süß und lecker muss sie sein
sonst fällt mir schnell 'ne andere ein …
Ob blond ob braun, ob groß ob klein
jede könnt' es für mich sein
denn ich such' nicht nur nach jungen frauen
und auch nicht nur nach schwarzen oder blauen
sondern eher nach den wirklich schlauen
die einen mann zu lieben sich noch trauen … ♥
die nicht verkorkst sind durch ihr leben
sich selbst nicht auf ein' sockel heben
primär nicht nur nach treue streben … aber
leider sind die meistens schon vergeben ☹

Nun mache ich's mir viel bequemer
mit dem spaßfaktor im beuteschema
und dichte hier halt alle zu …
bis ich auf eine treff' die ist wie Du!
♥

14

... und nun? Wo bleibt sie denn bloß ... ?
Ich würde sie doch so gerne tonal einstimmen auf meiner ...

"Liebestastatur"

Ich bin die Muse und ein ganzer Kerle
such' nur noch eine echte Perle
die muss nicht zwingend Dichten können
sie sollte mir mein Spaß nur gönnen!

Dann spiel' ich auf der Liebestastatur
die schönsten Töne mit Bravour
es sind nur drei, es bleibt dabei
F.F.F. und Allerlei ... ;-)

Lass uns singen, tanzen, (mit den) vögeln, lachen
und die schönsten Sachen machen
erst später dann, als Bräutigam
wär' der vierte Ton dann dran!

Ob's danach noch weiter geht
wer weiß ob's in den Sternen steht ... ?
Sollte es mit Dir nicht klappen, nicht so schlimm
dann haut's halt mit 'ner andern hin!
:o)

Meine Flexibilität wurde von den Damen aber scheinbar so
interpretiert als wüsste ich nicht was ich will.
Die meisten Schnittchen wollten scheinbar gleich ganz genau
wissen womit sie belegt werden.
Einige, die ich persönlich näher kennen lernte, gaben sich
zunächst aber auch recht frei und offen bezüglich ihrer
Erwartungen. Einige gaben sogar vor, ihnen wäre auch eine
"nur-Sex" Beziehung recht ...

Das klang nach einem lockeren und recht sympathischen Angebot ganz in meinem Sinne ... wenn sie nicht gleichzeitig auf meinem Lebensstil herumgehackt hätten! ☹ ... *ich sollte mir mal Gedanken über meinen Drogenkonsum machen, meine Dachgeschosswohnung bräuchte einen Aufzug für das Alter, ich sollte mal ihre Familie und Freunde kennen lernen, die Treppe und die Badewanne seien nicht baby-gerecht, usw.*
Oh nee ... da waren wohl doch ein paar verborgene Ansprüche und Differenzen im Timing, die mit meiner Kennenlern-philosophie nicht so ganz konform waren.

Ich meine es sollte erstmal klar sein, man ist ...

"zwei und frei"

Stehen bleib ich nur
vor dem schönen der natur
von den verkopften und den steifen
lass ich mich nicht greifen ...
verkopft, das bin ich selbst genug
nur nicht steif, meist eher klug
so bleib' ich bei der leichtigkeit
ob allein, zu zweit, nüchtern oder breit ;-)

Ich würd' auch nicht gleich alles geben
denn zwei menschen sind zwei leben
liebe, respekt und toleranz
für das weib, den geist, den schwanz
aber viele wollen gleich alles haben
von des lieben lebens gaben
heraus kommt meist nur viel gezeter
mit der hoffnung auf das gute, später
doch später ist es gleich ... vorbei!
Was bleibt ... gezeterstreiterei ... ;o)

Natürlich hatte ich weder Interesse an diesem Gezeter, noch daran Anpassungsversprechungen zu machen für jemanden von dem ich nicht mal weiß, ob ich mich mit ihr auch längerfristig auf einer charakterlich-kulinarischen Ebene verstehen würde. Alles andere kann mit der Zeit wachsen, meine ich! ... Ich suchte schließlich keine Zwangsernährung, aber ansonsten würde ich sagen ...

"ich gebe gerne"

Ich weiß schon was ich gebe ... sex!
das ist für mich ein klacks und klecks
weil ich's locker aus dem ärmel schüttel
und nicht mit kopfigem gerüttel

Doch trotz sex muss ich auch sagen
möcht' ich nicht um's essen klagen
daher ich 'ne frau mir suche
die mich nicht hält für ein eunuche
sondern bei der "stange" hält
was ihr selber auch gefällt ...

Symbiotisch kann man sich ergänzen
mit spaß am geben würd' ich glänzen
wenn sie nicht nur meckert über sachen
die männer halt nicht gerne machen!
;-)

Soweit zu meinen allgemeinen Vorstellungsgedichten.

Etwas spezieller wird es nun bei den "100 Fragen".
Das sind von den Börsenmachern vorgeschlagene Fragen die nach Lust und Laune beantwortet werden dürfen ...

Kapitel 2 - Die 100 Fragen

Hier ein kleiner Auszug aus dem Fragenkatalog, der nach dem Klick auf eine Karteikarte im Profil sichtbar wird ...

>>*Was halten Sie von Treue?*<<

Treue ist ein beruhigendes Gefühl.
Schön! ... solange der Sex nicht darunter leidet ...

"Aus! Liebe"

Sollt' ich sagen "scheiß auf treue"?
es könnte sein, dass ich's bereue
wenn die, die fremd geht Du dann bist
das wäre ein verdammter mist!

Sollt' ich vielleicht mal Dir fremd gehen
das könnte ich ganz leicht verstehen!
Ich tu's ja nur aus niederem triebe
doch frauen, die tun es nur aus liebe!

oder?!

Zur selben Frage fällt mir noch ein Gedicht ein ...

Ist ein mann treu
dann ist er auch scheu
Ist er nicht scheu
dann tut er nur treu
und ...

"Treu wie ein Hund"

Mich fragte eine schlaue frau ...
treu nicht scheu, heißt was genau?
da sagte ich nur "wau wau wau"
frag doch deinen wuff
der ist treu und ein knuff
der nimmt es gern, Dein essen
daran kannst Du treue messen ...
bon appétit!
;-)

>>Wie sieht für Sie ein ausgefülltes Liebesleben aus?<<

"Guten Morgen!"

Beim erwachen, gleich am morgen
wollen wir es uns besorgen
und es steht wohl außer frage ...
so machen wir das alle tage!

Besser kann es nicht passieren
ich find' wir sollten's mal probieren
Du kannst mir trauen, denn ich bin treu
nur beim sex hab' ich vor Keiner scheu ;-)

Morgens, mittags, abends ...
wenigstens wir haben's!
aber morgens wird' es nur gelingen
wenn wir auch die nacht verbringen ...

So freu' ich mich auf nacht und morgen
und werd's auch mittags Dir besorgen!
☺

>>*Würden Sie Ihrem Partner aus einem Buch vorlesen?*<<

Nö! Ich höre aber gerne zu.
Am liebsten bei ...

"Dornröschen"

Liest Du mir vor ein schönes märchen
dann werden wir ein glücklich' päarchen
Wenn Du liest werd' ich Dich schmusen
und an Deinem busen knusen
Nur küssen wird dabei nicht gehen
sonst könntest Du das buch nicht sehen
Aber danach zeig' ich Dir wie mann's macht
dass Dornröschen aus dem schlaf erwacht ...
Gute Nacht!
☺

>>*Welche war Ihre schlimmste Abfuhr?*<<

Du hast doch eine ...

"Profilneurose"

Findest Du mein profil neurotisch?
Ich gebe zu, es scheint chaotisch
aber nur damit nicht jeder blickt ...
ich selektiere hier nur sehr geschickt!

Hältst Du mich nun für geistig krank
dann sende ich dir 1000 dank
denn besser kann's nicht funktionieren
als so gezielt zu selektieren ;-)

Zumal ich es nicht eilig habe
und mich köstlich am Gedichte labe
werd' ich mich geduldig sputen
und vergnüge mich derweil mit den geistig Guten ...
;-)

>>Was sind für Sie gute Manieren?<<

"Kannste Knigge!"

Knick knack Knigge, der stellt's klar
die welt die wär so wunderbar
niemand würde sich mehr zanken
alle würden sich nur noch danken!
... doch plötzlich ...
Zwischen Knigges glatten seiten
sah ich ihren dolch raus gleiten ...
hätt' ich den bloß gleich entdeckt
aber da war er zu gut versteckt!
:o)
Ob dahinter liebe stand
wäre jetzt zu spät erkannt
denn nach dem ausbruch ihrer emotion
macht' ich höflichst schluss zum lohn!
hm ...
Sind das gute manieren gewesen?
Ich sollt' wohl doch mal Knigge lesen!

oder kurzer **"weise"** gesagt ...

Eine Weisheit aus des Dichters Munde ...
höflich ging die Welt zu Grunde
denn unter augenscheinlicher Höflichkeit
vergräbt man nur den Grund zum Streit
Peace!

Noch Eins zum Thema ...

"Gute Manieren"

Frauen oftmals reklamieren
dass männer sie nur reduzieren
auf die äußerlichkeiten
die sie vor männern gern' verbreiten

Dann tun sie sich darum beschweren
und möchten männern liebe lehren
doch machen sie das nicht mit worten
sondern an den stillen orten
über die sie auch nicht sprechen
wundern sich wenn's männer "rächen"
mit wilden fantasie- und sexversprechen

Woll'n sie lieber liebe hören
sollten sie den geist betören
doch das ist was sie sich nicht trauen
lassen lieber sich in ausschnitt schauen

Was mann da schließlich machen soll?
Frag' mich mal, das fänd' ich toll!
Ich sag' dann ... Frauen zu reduzieren ...
Das Sind Gute Manieren!
;-)

>>*Welche Trends finden Sie zurzeit spannend?*<<

G-Trend! ... ist auf Dauer zwar nicht spannend, aber gut für
die schlanke Linie ;-) ... als wenn ich's nötig hätte ... pfff

ps: Scheiß Trend! ... aber wie gut, dass es mich noch gibt,
ich weiß wenigstens was ...

"Liebe ist …"

Frauen zu bedichten ist mitnichten
ein vergnügen, sondern arbeit!
Ich sag' es tendenziell ganz ehrlich …
mich selbst bedichten, das ist herrlich ☺

Kurz und knapp kann ich's mir sagen
offen bleiben keine fragen
So verführten mich die folgend' zeilen
spritzig zu verweilen …

"Vielen Dank an meine Hände … Ende!"
;-)

>>Welche (technischen) Gimmicks mögen Sie?<<

Ich beame mich ganz gern' mal weg.
manche sagen "lass den dreck!"
Ohne beamen wär's doch fade
für manche find' ich das echt schade!
;o)

>>Sind Sie tendenziell ehrlich?<<

"Froggy days"

Niemals würde ich hier lügen
ich würde mich ja selbst betrügen
denn alles schlechte kommt zurück
damit hat man nicht viel glück

Das dumme nur und das ist schade
frauen finden's meistens fade

wenn sie nicht belogen werden
ein mann nicht sagt "würd' für Dich sterben"

Sie wollen nicht nach der wahrheit graben
tun lieber sich an träumen laben
so kommt die wahrheit später dann
da sind sie ganz schön dumm dann dran ...

www.youtube.com/watch?v=d1Uq_r2U4gk&feature=related
☺

>>Mögen Sie spontane Begegnungen?<<

Erfreuliche, am liebsten! ... oder, sagen wir besser so ...

Es gibt Begegnungen, hätte man sie vorher planen sollen
dann hätte man sie nicht planen wollen
doch es war eine Überraschung als ich sie zufällig berührte
und eine Vernaschung, wie sie mich dann verführte ...
☺

>>Wann ist ein Mann für Sie gepflegt?<<

Wenn er pflegt zu reimen!
;-)

>>Haben Sie einen Lieblingsdichter?<<

Mein Lieblingsdichter bin ich selbst
ich pfeife drauf was Du von hältst
wen sollt' ich sonst auch nennen?
ich tu' kein' anderen kennen!
:o)

Alle hab' ich schon bedichtet
witwen, weisen, selbst die greisen
männer, huren, dominas und lesben
jedem gab ich eins zum besten
nur die schwulen, diese coolen
sind von mir verschont geblieben
ich befürcht'...
die würden mich wirklich lieben ...
:o)

>>*Was würden ihre Schulfreunde heute über Sie sagen?*<<

"ein spinner!"

nur ein spinner ist immer ein gewinner
er muss sich keinen orden stehlen
und auch nicht mit den horden quälen
er kann sich einfach selbst ernennen
und pfeift auf die, die's nicht erkennen!
;-)

>>*Haben Sie ein Lieblingsgericht? Wenn ja, welches?*<<

"Spargel!"

Bald ist es wieder mal so weit
die wunderbare spargelzeit
an nichts anderes kann ich denken
möchte täglich Dir nur spargel schenken

allein schon diese form ... enorm!

Daher essen frauen unbewusst
spargel mit besonderer lust
lassen ihn im mund zergehen
schöner könnt's ihm nicht geschehen

So manche kann genug nicht kriegen
bleibt danach genüsslich liegen und ...
ach ... dazu sag' ich einfach nur
Spargel ... ein wunder der natur!

bon appétit ...

>>Wie sieht Ihr Beruflicher Alltag aus?<<

"Am Laufenden Band ..."

Ich bin verrückt nach liebe!
dies gehüpfe und geschiebe
da kann ich nicht genug von kriegen
bleib' von einer bis zur nächsten liegen

Es rollt mich platt am laufenden band
es raubt mir glatt den letzten verstand
ich kann mir nicht mal namen merken
da bin ich schon mit der nächsten am werken

Die machen mich alle viel zu heiß
so gewinne ich nie den großen preis
aber ich bleibe bescheiden, das ist doch klar
weil ich auf 'm laufenden band ganz gerne fahr' ;-)

life rolls on ...

>>*Lesen Sie gerne?*<<

Ich hab' seit Pippi Langstrumpf nicht gelesen
... aber das war doch sehr schön gewesen!
☺

>>*Wie verbringen Sie idealerweise Ihren Geburtstag?*<<

Lass uns feiern, bis wir reihern
lass uns wirbeln, einen zwirbeln
und das chaos neu erfinden
bis uns dann die sinne schwinden ...
;-)

>>*Was tun Sie zu Ihrer Entspannung?*<<

ab- und zu-dichten!
;o)

Soviel zu den FAQ100.

Weiter geht's gleich mit den Willkommensgedichten.
Das sind Gedichte mit denen ich eine neue virtuelle
Entdeckung begrüße, meist über einen Eintrag in ihrem
Gästebuch ...

Kapitel 3 - Gästebuch- und Willkommensgedichte

Zur Begrüßung ein Spiel mit Herz ...

"Lebkuchen suchen"

Dein profil gefällt mir! Wirklich keck
hast Du lust auf einen pausensnack?
dann brauchst Du nicht mehr lange suchen
ich spendier mein Herz! ... Lebkuchen

Aber nicht zu gierig, sonst wird's schwierig
denn die anderen wollen auch was haben
von den süßen weihnachtsgaben

Manche hat sich dran verbissen
die beißer waren dann schnell verschlissen
denn das herz es kommt, das war ja klar
vom weihnachtsmarkt, vom letzten jahr!

bon appétit!
;-)

"putzig!"

Ein leeres gästebuch, das macht mich stutzig!
Du scheinst mir doch recht süß und putzig
also werd' ich einen eintrag wagen
und Du dann über's "putzig" klagen ...

Sagen musst' ich's weil's sich reimt
das ist vielleicht nicht schlau geschleimt
doch auf meinem weg durch's internet
macht das den kohl nu' auch nicht fett ...

"Musekuss gefällig?"

Wollen wir gleich küssen, oder reden
oder erst auf rosa wölkchen schweben!?
ehem ... hattest Du vom küssen was gesagt??
oder hat 'ne andere mich gefragt? :o)

Hast Du's gelesen in den gästebüchern
oder stand's auf deinen küchentüchern?
da drauf stehen oft wilde reime
für brave frauen im trauten heime ...

Doch so brav erscheinst' mir nicht
sag! ... möchtest Du noch ein Gedicht?

Ein **Dicht-Night-Stand** ist ...

"Mein Talent!"

Darf ich Dich etwas unterhalten
oder wirst Du gleich die sperre schalten?
Denn ich würd' auch übers lieben dichten
da könnt' ich niemals drauf verzichten!

Schön wär's auch wenn Du was sagst
und mich nur nach lust & liebe fragst!
Es wär' mir echt ein kompliment
wenn mal eine mein talent erkennt ...

Damit meine ich jetzt nicht das dichten
darauf kann ich gut verzichten!
Nur wenn Du's wünscht würd' ich auch während dessen
Dich zu bedichten nicht vergessen ;-)
und nun ... ??? ...

Nun ein sehr authentisches und lebensnahes Gedicht, das sich besonders gut eignet für Beute aus der näheren Umgebung. Eine Einladung zum ...

"blind saufen"

Haben wir uns schon mal gesehen?

Wär' ich an Dir vorbei gelaufen
käm' das nur vom vielen saufen
hätt' ich nicht zuviel gesoffen
hätt' ich Dich vielleicht getroffen
doch würde ich Dich sehen, glaube mir
dann blieb' ich sofort stehen!
und ... was würde dann geschehen?
Wir würden einen trinken gehen!

soulong ...
;-)

Im Allgemeinen hatten die Damen jedoch kein Interesse am gemeinsamen Genuss alkoholischer Getränke. Die Single-Börsendamen scheinen wohl ein spezieller Schlag Frau zu sein?!
Ich versuchte es mal mit Esoterik und Astrologie vom ...

"Prachtskorpion"

Wie ich seh' Du willst gestehen
Amor, er hat Dich übersehen
Dein' Traummann hast' noch nicht gefunden
das ändert sich nun in Sekunden ...

Schwupps ... nach einem Mausklick schon
da siehst Du ihn, Dein Prachtskorpion!

Sein Stachel ist hier noch verborgen
aber mach Dir darum keine Sorgen
wenn er Dich sticht, dann tief und ehrlich
esoterisch ... ungefährlich!

Du holde Stierfrau machst mich wild
Du passt perfekt laut Sternenbild!
Zeigen möchte ich's Dir dann
was Du liebst am Skorpionmann ... :o)

Bei den Stierdamen ist mein Stachel scheinbar wie ein
vergifteter Pfeil Amors eingestochen ... !? ... Jedenfalls
vernahm ich nur betroffenes Schweigen ... darauf konnte ich
mir einen geigen! ... Ich versuchte es bei den Jungfrauen ...

"auf ewig! Jungfrau"

Jungfrau sein, das ist ein leid
nicht nur für'n mann, auch für das weib
so sehr sie sich auch drum bemüht
sie bleibt doch immer unverblüht

Was bleibt ihr übrig, sie nimmt ihr schicksal an
erzählt es ungebührlich jedem räudigen mann
der es freudig dann nicht lassen kann
sie mit solchen blöden witzen zu bespritzen
statt sie zu küren und zu verführen
mit nicht so öden, spitzen geistesblitzen

Nun mach' ich gleich denselben fehler
kommt er auch aus eigener feder ...
Jungfrau sein wirst Du auf ewig
glaube nicht ich fänd' das schäbig
täglich möchte ich Dein schicksal wenden
und wünsch' mir das wird niemals enden ... ☺

Die Masche mit der Astrologie war aus irgendeinem Grund aber auch nicht so erfolgreich.
Wahrscheinlich waren die Börsenfrauen alle modern, aufgeklärt und hielten mich nun für einen dümmlichen Esoteriker ... zu blöde ... da hatte ich mir was eingebrockt! ☹
... dass Astrologie Humbug ist, selbst wenn es augenscheinlich meistens zutreffend ist, wissen wir doch seitdem die Welt als Kugel erobert wurde!

Also sagte ich mir, nicht gleich die Kugel geben und erstmal die Bälle flach halten!
Ich versuchte es noch einmal ganz zahm und allerfreundlichst mit einem einfachen ...

"Welcome!"

Wie es aussieht bist Du neu
suchst die nadel hier im heu
oder das was andere suchen
die kirsche auf dem sahnekuchen

Dann wünsch ich Dir dass Du sie findest
dich hier nicht zu lange schindest
die suche auch mit spaß genießt
und anderen nicht den spaß vermiest

Manchmal ist das nicht so leicht
Du wirst dann sagen "schluss, es reicht!"
besonders die mit den gedichten
auf die kannst Du auch gleich verzichten ...
;-)

Noch so Eins, nur etwas realistischer ausgedrückt ...

"Neue Beute"

Oha … neue beute im portal
für die meute feinste wahl
lecker, sexy, knackig …
auf den rest da kack ich ;o)

Für wen spielt das schon eine rolle?
Jeder will doch nur 'ne olle
und möglichst schnell die beute reißen
bevor die neuen dann verschleißen
denn durch die vielzahl der attacken
wirst' bald auch Du auf alles kacken …

oder Du hast Spaß am Dünnschiss
dann ist Dir der Erfolg gewiss
und Du wirst für viele Leute
exquisite neue Beute!
;o)

Leider kam das "Neue Beute" Gedicht bei den Neuzugängen
nicht so gut an, da sie noch voller Enthusiasmus waren … und
wer möchte sich schon gleich beim Börseneinstieg die
Hoffnung verderben lassen!? :o)

Von denjenigen die schon Erfahrungen auf Singlebörsen
gemacht haben, bekam ich aber zumindest ein verständnis-
volles Zwinkern ;-)
Die Erfahrenen hatten schon einige reale Treffen hinter sich.
Das schrieben sie dann meistens auch in ihren FAQ100.

Für diese Fälle eignete sich dann mein folgendes Gedicht,
besonders bei Damen, die sich ein Pseudonym gaben wie zum
Beispiel … KittyKat, Schmusekatze, Miezemaus, o.ä. …

"Miezekatz ... Dein Mausespatz!"

Viele mäuschen hast Du schon gefangen ...
auf singlebörsen haben sie rum gehangen
aber als der köder war gefressen
gingen sie bei anderen essen ☹

Bei mir darfst Du nun weiter jagen ...
und nach dem köder wollt' ich auch gleich fragen!
oder jagst Du nur was ich mir denke
das, was Ich nur meiner liebsten schenke!? ♥

Tja ... was Du willst, das weiß ich nicht
ich schreibe Dir nur ein gedicht
bestimmt wirst Du was schönes sagen
bis dann kann ich nur höflichst fragen ...

Meine süße Miezekatz'
werd' ich wohl Dein Mausespatz?!
☺

Klappte auch nicht! Die Katzen waren wohl satt ☹
Egal, ich stehe sowieso nicht auf diese Stinkepinkelfelle!
hm ...
Vielleicht machte ich den Damen zu wenig Komplimente mit
meinen Reimen!?
hm ...
Augen! ... Frauen hören immer gerne, dass sie schöne Augen
haben ... und sie möchten am liebsten gesehen werden als
wären sie die Unschuld in Person.

Ich schrieb dann ein Gedicht voller Komplimente, allerdings
auf leeren Magen ...

"Du Schnittchen!"

Auf so ein schnittchen hätt' ich lust!
das ist mein ernst! Hast Du's gewusst?
Einem schnittchen mit so schönen augen
dem würd' ich sogar die unschuld glauben

Wenn's schnittchen würd' mich naschen lassen
würd' ich sogar das haschen lassen
besonders in den liebesstunden
wirst Du mir viel besser munden!

Du wirst mir schmecken, ganz gewiss!
kuss für kuss und biss für biss ;.)
Doch sollt' man auch beim 6 nicht vergessen
etwas richtiges zu essen …

Kannste auch kochen?

Die Damen antworteten sich nicht. Wahrscheinlich konnten
sie nicht kochen … aber ihre Statements waren voll von
unglaublich überzogenen Ansprüchen, die ein Mann zu
erfüllen hätte … Ich dachte nach …

Bei mir entstand langsam der Eindruck, ich würde mich auf
dieser Börse unter meinem Wert anbieten.
"Qualität hat ihren Preis", sagte ich mir … also, wieso sollte
ich mich umsonst verschenken!? … aber überteuert wollte ich
mich auch nicht ins Aus schießen …

Ich beschloss also mich erstmal als Ein-Euro-Jobber weiter auf
meinen Weg zu machen … und damit wurde ich nebenher zum
teuersten Mann der gesamten Partnerbörse …

Auf der Suche nach meinem Lieblingsgericht
schrieb ich ihr ein Ein-Euro-Lieblingsgedicht
und ihr auch ... und ihr auch ... und ihr auch ...
So machte ich mich ...

"Auf den Weg"

Niemand würde es gelingen
zu sehen wohin wir gingen
wenn wir nur gehen würden
doch dann erstarren vor den hürden
über die wir uns nicht rüber trauen
und nur blöde aus der wäsche schauen
weil wir da so sinnlos stehen
ohne was zu sehen

Man kann es auch ganz einfach sagen
ohne viel zu dichten
man muss auch keinen anderen fragen
der kennt Dein ziel mitnichten ...
Seinen weg muss man schon selber gehen
das ist leicht zu verstehen
So sagte kurz ein schlauer mann
"Auf den Weg, da kommt es an!"
;-)

Aber auch der Weg eines Ein-Euro-Lebkuchen-Heartbrokers ist
im Singlebörsengeschäft kein leichter ...

Kapitel 4 – Ein-Euro-Jobber-Prostitution!?

Ich startete meine Ein-Euro-Kampagne erstmal ganz vorsichtig mit einem ...

"SONDERANGEBOT"

Für immer wollen wir wen finden
doch kein mann will sich wirklich binden
und auch die frauen suchen nur
nach 'nem wunder der natur

Ich könnte Deine sehnsucht stillen
es liegt zuletzt an Deinem willen
ob Du in mich nun investierst
oder lieber nichts verlierst ;-)

Ich gebe Dir noch einen tag
die lage zu bedenken
ich würde Dir die erste nacht
zur probe sogar schenken!
;-)
der ein-euro-jobber ;o)))

Die Frauen schrien aber eher um Hilfe, als sich über das kostenlose Probehäppchen zu freuen. Wieso eigentlich? In der Drogerie und Im Supermarkt kosten sie doch auch an allem was ihnen gratis zur Probe verabreicht wird ... !

Was soll's, ich denke immer noch ... "Bei mir werden sie geholfen!"
Ich machte mich also zum Mitglied eines Samerita Vereins, der nennt sich die ...

"Venuselfen mit Glied"

Wie liebst Du Dich, Du singlefrau?!
Ich wüsst' es gerne ganz genau
vielleicht könnt' ich Dir helfen ...
ich bin ein mit Glied der Venuselfen ;-)

Das ist ein spritziger verein
der sorgt sich um das glücklich sein
besonders bei den frauen die es suchen
das beste stück vom eierkuchen

Ich habe ein stück das wird Dir schmecken
zum kosten darfst Du gerne mal lecken
für nur einen euro werd' ich Dir helfen ...
so gehört sich's als mitglied der Venuselfen!

Pimmel & Love ♥

;-)

Und noch ein praktisches Ein-Euro-Sonderangebot aus meiner
Frauenhandwerkerwerkzeugkollektion ...

"Der Alle-Kleber"

Du süße frau, ich liebe Dich!
Und auch viele andere ...
vielen frauen gefällt das nicht
das ist für sie 'ne schande

Da muss man doch was unternehmen
damit das nicht passiert
es sollt' ein alleskleber geben
der das repariert!

Ich verrat' Dir nun, den gibt es schon
für einen euro kannst' mich kaufen
damit es wirkt musst Du dich nur
anständig besaufen ... ;-)

Ich kleb' Dich! ♥
Der Ein-Euro-Alle-Kleber
☺

Also ... sollte einer Frau der Mann weglaufen
muss sie Alle-Kleber kaufen!
Geheimtipp ... weitersagen!
Nur 1,- Euro ... bei mir exklusiv ☺

Tja, dann gab es auch Frauen, die hielten sich handwerklich
selbst für so schlagfertig, dass sie mir daraufhin eine kleben
wollten ... :o) ... Das wurde wirklich zu einer ...

"Sticky Situation"

Willst Du mir eine kleben
dann wirst Du was erleben!
Mit mir da klebt's sich fürchterlich ... Gut!
Du wirst schon sehen wie gut das tut ☺

Dann kommst Du nicht mehr von mir los
sagst ... "oh mein gott was ist das bloß
für einen euro klebst' mich platt ...
beim nächsten mal glaub' ich's dir glatt!"

Tja, aber dann ist es schon zu spät zu fliehen
Du klebst vor mir auf deinen knien
Du reizt mich so in dieser pose
schon wieder regt sich was in meiner hose ...

Mein Hosentummeln löste bei den Damen aber auch nicht den erwünschten Schlüsselreiz aus ... Was sind das bloß für resistente Aliens? Hm ... vielleicht hatten sie nur Angst vor ...

"ONS"

Keine lust auf OH ÄN ES ?
James Brown würd' sagen "take this mess"
... ich frag mich nur, was soll der stress?!
Das wollt' ich doch noch gar nicht fragen
und wenn ... dann gäb's da nix zu klagen!
Für einen euro ... ist doch cool ... !
oder dachtest Du ich wäre schwul?
Ich werd's auch nicht mehr reduzieren
nur einen euro hast Du zu verlieren!
mal probieren ... ?
☺

Keine wollte probieren ☹ ... aber viele schrieben in ihrem Statement, sie hätten Lust auf eine Reise.
Das brachte mich auf eine neue Geschäftsidee! Ich entwarf ein Touristikangebot ...

"Biete ... Treuebegleitung!"

Hast Du lust auf eine reise?
Dann nenn' ich Dir mal meine preise
und wie Du kommen wirst ...
bevor Du dich mit mir verirrst ;o)

Für einen euro komm' ich mit ... !
oder kriege ich dafür ein' tritt? ... shit!
Allround, pauschal, professionell
nun zöger' nicht und buch mich schnell!

Dann komme ich mit, in Dich, Du Gute!
und knutsch Dich heiß von fuß bis schnute
wir schweben frei in den gezeiten
der strom der lüste wird uns leiten
im hauch des sturms werd' ich Dich reiten
und Deine tagesreise treu begleiten … ;-)

Ich blieb allein, Daheim ☹ und arbeitete unverdrüsslich,
genüsslich an der nächsten Geschäftsidee …
Auf der persönlichen Profilseite gibt es eine vorkonfigurierte
Auswahlmöglichkeit, um mit einem Klick zu wählen, worauf
man gerade Lust hat … eine der dämlichsten, aber am
häufigsten gewählten Möglichkeiten ist …

"Sag du's mir"

Willst Du dass ich es Dir sage?
dann stell ich Dir jetzt mal 'ne frage …
Ich frage Dich worum's Dir geht
und wo Dir so der sinn nach steht

Wenn's denn wär' ne schweinerei
dann wäre ich sehr gern dabei ☺
für einen euro tu' ich alles … was mir spaß macht!
voll egal ob mich wer auslacht!

Wichtig ist nur das es zündet
und bumst und kracht und freude macht
allen hab' ich's schon verkündet
so wurd' ich reich, gleich über nacht!

Also, was brauchte ich mehr, bevor ich mich beschwer'
da war ich schon, zum Lohn … Ein-Euro-Millionär … ☺

Ich war natürlich nicht wirklich Millionär, sondern ehrlich gesagt hatte mir die ganze Ein-Euro-Strategie nicht einen Cent eingespielt … :o(

Aber ich wollte meine Idee noch nicht gänzlich aufgeben und versuchte es noch ein Mal als selbstvermittelnder Single-Börsenmakler mit ganz besonders viel Mühe und sogar …

"Ohne Mehrwert!"

Mir scheint es so, wir kennen uns
noch ausm andern Leben
darum werd' ich mir bei Dir
besonders Mühe geben …

Ich meine damit nicht nur Sex
auch die ehelichen Pflichten!
So erfüllte ich auch meine Ex
doch nun muss sie verzichten …

Ich koste mehr als sie mich liebt
ein Euro war ihr wohl zu teuer
nun schau ich wer mir 'n Euro gibt
cash und ohne Mehrwertsteuer!

Ich bin Luxus zu 'nem kleinen Preis
da gibt's nix zu beschweren
genauso wie beim Kind ein Eis
so kann ich Frust in Lust umkehren

Gerne bin ich Dir das eis
mit Stiel, mach' ich Dir Lust dabei ;-)
mich zu lecken kost' nicht viel
ist mehrwertlos und steuerfrei …

So kannst Du kräftig sparen
wenn wir täglich uns verpaaren
Du würdest sogar reich dabei
denn es ist ja schließlich steuerfrei
und bestimmt lernst Du beim lecken
noch mehr Wert zu entdecken ... ;-)

Mit lebkuchenherzlichsten Grüßen,
Dein persönlicher Ein-Euro-Singlebörsenmakler
☺

OK, ich habe nicht wirklich damit gerechnet, dass die Damen einem Makler vertrauen würden, aber bessere Angebote fielen mir nun nicht mehr ein. Ich kündigte meinen Ein-Euro-Job! ... Der größte Lohn, den ich damit verdient hatte, war sowieso gerade mal ein Grußwunsch für ein schönes ...

"Wochenend.de"

Wenn ich an diesem wochenende
NUR EINE mal zum poppen fände
dann würde es auch schön für mich
nur DIE EINE find' ich nich'
Ich mein' ich wär' des lohnes wert
doch leider bin ich nicht begehrt
ich war schon ALLE fragen
aber selbst für 'n euro wollen 'se mich nich' haben
... nicht einmal geschenkt
Das hat mich sehr gekränkt!

Ich sag' es hier ganz ehrlich
dass ich die frauen nicht versteh'
denn die halten mich entbehrlich
für's wochenend.de ... ☹ ...

Ich glaube, die Frauen wollen gleich Alles oder Nichts! Ein normales Kennenlernen, wie es zwischen Mann und Frau seit Jahrmillionen üblich ist, wird von den Neuzeitfrauen falsch verstanden. Sie denken ... Zuviel! ... vermutlich aus Mangel an Selbstbewusstsein, reden sie sich Selbstbewusstsein ein ... Trugschlüßlich meinen sie dann, sie würden ungebührlich degradiert zu einer Option oder einer Zwischenlösung ... aber sie begreifen nicht, dass es doch eigentlich an ihnen selbst liegt, etwas aus dieser "Option" zu machen. ... So ist es eben im Börsengeschäft! Wie soll mann das einer Frau beibringen?

Mir fehlte der zündende ...

"Geisterblitz"

Ich bin ein Mann des Geistes
nur mein Geist verscheißt es
denn ich bin nicht unentgeltlich
dafür halt zu weltlich

Mein Humor ist ein Kanonenrohr
den Meisten nur ein Dorn im Ohr
und mit dem Eigentor als Spaßfaktor
steig' ich im Börsenmoor empor ...

Zur Geisterstund' werd' ich erwacht
spuk' fleißig durch die ganze Nacht
blitz ab und an, an allen Tagen
ohne um mein' Lohn zu klagen
Tja ...
denn weil ich ganix mach' wie's sich geziemt
hab' ich bislang noch nichts verdient
;o)

Cha Cha Cha ...

Die Damen verlangten noch mehr Geist, aber fürchten sich
vor Geistern ... Es scheint, als wären sie selbst ihr eigenes ...

"Opfer der Angst"

Angst ist eine Art Gefühl
das haben manchmal Frauen
die sich was nicht trauen
aber wollen! ... Was?
Das bleibt zu vermuten
gehört wohl zu den guten
und schönen Dingen des Lebens
nur scheint es ihnen vergebens
das zu tun was sie gern' würden
moralische Bürden
aus Angst ... ist zu vermuten
vor dem Schönen und dem Guten
... manchmal auch zu Recht
dann war gut wohl schlecht ;o)

Tja, trotz meiner heiteren und herzlichen Gedichte, stieß ich
überwiegend auf Ignoranz und Argwohn.
Ich blieb einsam und ungefüttert mit meinen ...

"40 Favoritennieten"

Mein Harem einst war prall gefüllt
mit 40 Favoriten
übrig sind heut' keine mehr
sie konnten mir nichts bieten

Die meisten haben mich gesperrt
oder wollten Geld im bett
das finde ich auch nicht verkehrt
für einen euro wär's doch nett ...

Doch bezahlen wollen sie nicht dafür
nicht einmal die Nieten
stattdessen sie versuchten mir
das dichten zu verbieten ...
☹

Ja, ganz ehrlich, Lob habe ich nicht viel bekommen, aber
jede Menge Kritik, Schelte sowie Sperren und Verweise auf
die AGB der Singlebörse ... teilweise sogar recht unhöfliche
Retourgedichte, wie zum Beispiel ...

>>
Die Zoten hab ich langsam satt
die sind mir einfach nur zu platt
Scher dich dahin wo Pfeffer wächst
und liefer mal nen anderen Text

Nur nicht an mich, Du blöde Kröte
weil ich sonst fall in tausend Nöte
such dir ne andere zum bedichten
ich bins mitnichten!

Hochachtungsvoll....
<<

Mein Profil wurde von den "Börsenrichtern" gelöscht ...
wahrscheinlich hielten sie mich für einen professionellen Ein-
Euro-Callboy ... Kommerzielle Nutzung zu eigenen Werbe-
zwecken ist laut den AGB nicht erlaubt ... :o)
Ich legte mir sofort ein neues Profil an, um meiner
geschundenen, dichterischen Seele wieder Platz zu schaffen.

Im folgenden Kapitel schrieb ich einige Motz, Trotz,
Kapitulations- und Zickengedichte, die ich dann den
Fakeprofilen, Arroganzen- und Nix-Sagern postete ...

Kapitel 5 – Auskotzen

"Zickensperre"

Du hast wohl mal zu schlecht gepoppt
weißt jetzt nicht mehr wie's richtig rockt!
na ... dann werd' ich mich beeilen
um Dich davon zu heilen!

Nur zwei minuten brauchen wir
zu dritt da werden's eben vier
passt in die sportschau-werbepause
danach kannst' gleich nach hause!

... wär' ich wohl so'n banause?!
:o)

Auch großartig ... da schrieb eine Zweiunddreißigjährige ...
>>*Keine Männer über 40! Ich habe schon einen Papa.*<<

"Kükensperre!"

Einen papa sagst Du hast Du schon
einen zweiten gibt's als finderlohn!
Was nicht geht mit deinem echten
das treiben wir in wilden nächten!

Soll Ich mich nun am riemen reißen?
ich werd' erstmal Dir in' hintern beißen!
Achten solltest Du erfahrung ...
das ist der liebe beste nahrung!

Nicht zuletzt möcht' ich erfahren ...
Wie wird man vater ... mit acht jahren!?
:o)

Dann gibt es die, die nix weiter in ihrem Profil stehen haben
außer einem Foto ... vielleicht meinen sie, das würde alles
Wesentliche über sie aussagen?! ... Das ist wahrhaft ...

"Ohne Worte!"

Der schöpfer hat Dich schön geschaffen
da gibt es wirklich was zu gaffen
daher brauchst Du hier auch nichts zu sagen
und pfeif auf 100 dumme fragen

Nur blöde, mir wird so nicht klar
bist Du öde oder wunderbar
oder willst nur dein' leib anbieten?
O.K. ... den würd' ich dann zur probe mieten!

Tja, nun schreib' ich erst dies' kurzgedicht
und weich' obgleich, gleich leer von dannen
weiter bei den andern damen spannen ... ;-)

So grüßte ich nur mit einem ...

"hallo und weiter ..."

Hier steht nicht viel, was soll man sagen
soll mann selbst Dich alles fragen ... ?
wer uns hier nix zu sagen hat
den frag ich nur ... "wat soll denn dat!"

Na, dann werd' ich eben weiter ziehen
einen preis bekommst Du nicht verliehen
den bekommt 'ne andere dann
vielleicht sogar 'nen dichtermann ;-)

Tschüss! ... und heiter weiter ... so wie beim ...

48

"Rumpelstilzchen"

Dein statement ist nicht sehr ergiebig
mein gedicht dazu dann auch beliebig
mich erinnert's an das rumpelstilzchen
das treibt im wald ein dunkles spielchen
wenn's heimlich um ein feuer springt
und lauthals seinen namen singt
das macht es nur wenn's niemand hört
so fühlt sich niemand von gestört

Wär das der grund der kargen worte
dann bin ich wohl am falschen orte
verlief mich in 'nem falschen wald
hier stört mich nichts, so ist das halt ☹
Also mach' ich mir ein feuer an
spring' herum und singe dann ...
ach wie gut dass niemand weiß
... äh ...
wieso reim' ich bloß so 'n scheiß ?!

Genau! Das ist die Frage auf die ich eine Antwort suche ...
hm ... vielleicht um ein Buch davon zu machen?!
Mache ich hiermit! ... ☺

Aber ich gestehe, dass ich mir in manchen Dingen immer noch
so unklar bin, wie manch andere in wiederum anderen Dingen
... eben einfach total verirrt, verwirrt und ...

"unschlüssig?!"

Du profilierst dich hier doch sehr unschlüssig
der klarheit scheinst Du überdrüssig
so weiß man nicht was Du hier willst
vielleicht nur deine neugier stillst ... ?!

Das kann ich auch ganz gut verstehen
denn klar kann man hier eh nicht sehen
und wer sich tut zu klar versprechen
den wird es mit enttäuschung rächen!

Wer wird wem, was, wieso geben ...
das klärt sich erst im richtigen leben
also gibt's nur eins was ich klar sagen kann
ich bin 'ne frau ... äh quatsch ... ein mann!
... und selbst ?

Tatsächlich verlässt mich im virtuellen Leben manchmal der
Instinkt und ich weiß nicht mehr ob ich es zu tun habe mit ...

"Heilig oder Hure?"

Wer heilig oder Hure ist
ob Männlein oder Frau
das ist der virtuelle Mist
man weiß es nicht genau!

Die Börse ist eben ein Geschäft ... und jeder ist auf seine
Weise am ...

"Makeln"

Du legst hier aus einen süßen köder
ich hoff' es ist kein blender, so ein öder
denn wenn ich Dich dann bedichten täte
geh' ich ab wie 'ne raketé

Doch was Du versprichst bleibt mir verborgen
daher mache ich mir wirklich sorgen
dass keiner Dich bekommen wird
weder heut' noch morgen ...

Ob jemand hier gewinnen kann?
wer's wissen will verbeißt sich dran!
man kennt es doch das börsenspiel
gewinnen tut kaum einer viel!

Mir konnte das aber getrost egal sein, denn ich finde das …

"is' doch wumpe!"

Willst Du flirten mit chaoten … ?
ich dachte das wär hier verboten!
flirten sollst Du nur mit mir … ☺
sonst ist doch keiner dichter hier!

Solltest Du mir das nicht glauben
komm ich Dir die unschuld rauben!
Und die moral von der geschicht'
glaub es … oder glaub es nicht …
is' doch wumpe!
;-)

Einige Frauen reinigten ihr Gästebuch fein säuberlich nach
jedem meiner Einträge … sehr jungfräuliches Verhalten!
Wahrscheinlich hatten sie einen Putzfimmel und wollten …

"Saubär bleiben!"

Mir scheint die frau hält's lieber sauber
will keine gäste nur das beste!
Sie sucht hier nach dem großen zauber
und reinigt gleich die gästereste … ☹

Wär' ich so reinlich wär's mir peinlich!
Aber O.K. ich meine ja auch …
immer schön SauBär bleiben! ;-)

Ich muss leider sagen, diese Damen haben mich so schmählich
verkannt wie einen rosaroten ...

"Froschkönig"

Kam ein frosch, wollt' wieder gehen
Sie wollte nicht ... doch aus versehen
blies Sie ihn auf, es machte knall
Sie dacht' das wär der überschall
dann plötzlich wurd's ihr ungewöhnlich
als Sie merkt' es war ein könig
so schaut Sie heut' noch dämlich drein
so wird's nun wohl für immer sein ...

Die einsicht kam ihr viel zu spät ...
Sie wusste nicht wie blasen geht!
;o)
Quak

... ein echter Frosch gibt die Suche nach seinem Dornröschen
(der Profipennerin ;-) natürlich nicht so schnell auf!
Ich suchte weiter ...

"Mein Opfer"

Suchst Du hier auch nach einem opfer?
wie wär's mit mir? ... dem oberklopfer!
wochenlang habe ich's vergeblich versucht
aber meine beute hat sich wen anders gesucht

Vielleicht sollte ich mich nicht mehr bewegen
und wie ein opfer auf den rücken legen
dann hilfe schreien ... komm fress mich doch!
und wenn sie kommt ... dann ab ins loch! ;o)
Jau! So versuche ich's jetzt mal ...

Nein, das ist natürlich völliger quak! Diese passive Aufreißer-
art ist nicht mein Ding und lockt außerdem die völlig falschen
Frauen an. Die passen nicht zu mir ... noch weniger als "die
Richtigen", also die, die sich nicht als Opfer sehen ...
Diese Nicht-Opfer entpuppten sich allerdings meistens auch
sehr schnell zu verkappten Emanzen oder Arroganzen ☹

Das ist dieser vorgeblich selbstbewusste Schlag Frauen, die
schauen viel zu oft ins ...

"Spieglein"

Spieglein spieglein, ich seh's dir an
ICH bin der allerschönste dichte mann!
Aber lass mal ruhig die frauen glauben
die täglich an ihrem antlitz schrauben
dass ihre mühe sich auch lohnt
dann bleib' ich vor deren neid verschont

Ich spendier sogar noch einen reim
nur'n besserer fällt mir jetzt nicht ein
also schaue ich noch mal in' spiegel
und verpass' mir glatt das gütesiegel
so schön zu sein wie das schneewittchen
nur leider fehlen mir noch zwei tittchen
deshalb muss ich mir 'ne frau besorgen
und mir die von der dann borgen ...

Oder, ich bleib' reell und sag es schlichter
immerhin bin ich der schönste dichter!

Ich meine schön dicht ... oder etwa nicht?
☺

Diese Spiegelverehrerinnen waren nicht mein Beuteschema,
alleine schon aus dem Grund, weil sie mir gleich zickig
kamen, wenn ich sie nur einmal fragte ...

"Kannste kochen?"

Du präsentierst dich hier mit großer klappe
dahinter steckt dann meist 'ne schlappe ...
Ja, Ich, der ungeschliffene diamant
habe das sofort erkannt!

Verzeih' mir, dass ich's Dir so sage
Du kuscht schon bei der basisfrage ...
"Kannst Du kochen?" ... und wenn nich'
kriegste wen, doch niemals mich!

Ich kann es mir auch nicht verkneifen
Dir zu sagen "ich krieg kein' steifen"
wenn 'ne frau nicht kochen kann
macht mich das überhaupt nicht an ...
bon duell !

Das Duell ging weiter, zum Beispiel mit einer die angab, in
einer Beziehung zu sein und dazu einen freund suchte ... äh?

"zu dritt?"

oops, sie hat schon einen freund
tja, dann hat sie mich leider versäumt
denn damit klärt sich gleich die sache
weil ich's zu dritt nicht gerne mache ... :o)
schade, wa ;-)

Vielleicht echt schade ... denn hätte sie mir geantwortet,
dann hätte ich es mir eventuell noch mal anders überlegt ;o)

Ein paar der Börsenmitglieder ohne Glied präsentieren sich manchmal aber auch wirklich unziemlich anzüglich :o) ... z.B. ein Teeny-Mädel, das auf ihrem Foto an einer dildogroßen Zigarre lutschte ... Vermutlich ein Fake- oder Spaßprofil ...

Ich riet ihr zum ...

"Safer Smoking"

Du rauchst eine Havanna?
das erzähl ich deiner Mama!
die ist doch viel zu groß für deinen Mund
und außerdem auch nicht gesund!

Zum Glück fällt mir was schönes ein
das wird für Dich gesünder sein ...
Safer-Smoking! ... also gesund statt Genuss
ohne Geschmack ... ein kontroverser Entschluss!
☹
Aber wär' das "Rauchen" deine Profession
gäbe ich Dir dafür keinen Lohn!
und ich würde auch erwähnen ...
Du solltest Dich was schämen!
Ich rauch' zwar selbst ganz gern' mal was ...
doch wie Du So rauchst ... das ist schon krass!
außerdem ...
Zigarren soll man paffen ... nicht rauchen!
oder mit Kondom gebrauchen ... ;-)
aber damit zigarren nicht erschlaffen
sag' ich ohne joking
lieber würd' ich paffen ...
und pfeif' auf Safer-Smoking!

:o(...

Man muss aber immer an *Safer* denken ... selbst in den Momenten, die ihrem Wesen nach einer Gedankenlosigkeit bedürften. Mit der Pille geht das einfacher!
Ansonsten muss man eben immer bei Verstand bleiben und zwar ganz ...

"Konsequent!"

Frauen gehen gerne shoppen
kaufen gerne die mit noppen
das tut ein mann dann doch beklagen
würde lieber nach der pille fragen

Doch der wille einer jeden frau
und das weiß man ganz genau
ist die konsequenz der eloquenz
in willenloser transzendenz

Raus kommt dann was kräftig schreit
gefolgt vom alimente streit ...
dann sagt mann "ach, hätt' ich nur ..."
nur die frau war halt zu stur!

In zukunft werd' ich's arrangieren
und die kontrolle nicht verlieren
oder besser gleich weg laufen ...
vor frauen, die nicht die pille kaufen
Konsequent!
:o)

Anders geht's nicht ... nur schief! :o(
Also mal ehrlich ... die Gummitüten machen doch nur Sinn bis zum mittelmäßigen Sex. Wenn's richtig heiß hergeht, dann taugen sie nichts mehr! ... und wer will schon mittelmäßigen Sex? Das klingt so uneigen-artig ...

Ein Fräulein "Un-artig", wie Sie sich nannte, schrieb, sie wäre einzig, aber nicht ...

"artig!"

Du bist "einzig ... aber nicht artig"?
dieser Spruch ist ziemlich drahtig
und rostig wie ein Maschendrahtzaun
so schreiben keine besonderen Frauen

Was Du hier vorgibst mit deinen Worten
das kann man in Containern horten
und begraben in dem Garten
in dem die Geistesgreisen warten

Mir scheint Du treibst hier schlechtes Spiel
und ich bereim' ein Fake-Profil?! ... ☹
Findest Du auch eigene Worte?
dann schreib sie hier an diesem Orte ... unartig!
aber nicht so drahtig ... Du heiße Torte!
;o)

Sie hat mir natürlich nichts geschrieben.
Wir sind sprachlos verblieben ...
Wir haben es nie getrieben
aber ich wollte sie lieben ...
einmal. Egal!
Etwas übertrieben
dargestellt
in der virtuellen Welt ...

Ist doch alles übertrieben. Wieso sollte man die Übertreibung nicht auch übertreiben?! ... Also übertrieb ich weiter mit einem Gedicht für eine besondere Frau, jedenfalls eine die sich etwas übertrieben für etwas Besonderes hält ...

Das Gedicht heißt ...

"besonders"

Für ganz besonders hältst Du dich ... !?
das behaupten auch die frauen vom strich
damit haben die, wie Du, auch recht
es fragt sich nur, besonders gut? Oder schlecht
es fragt sich auch, besonders für wen!
Besonders wird jeder anders verstehen ...

Preist Du dich als besonders hier an
dann suchst Du wohl ein' besonderen mann
einen von dem Du nicht glaubst
dass er ein eigenes urteil sich bilden kann ...

Ich vermute Du wirst jetzt besonders böse
und verwehrst mir deine besondere *muh*
aber das ist nicht besonders schlimm
ich weiß, ich hab' etwas besonderen benimm
ganz besonders bin ich es gewohnt
dass besonders dichten
sich besonders bei besonderen nicht lohnt ...
;-.)

"iiiiii don't need noboooooody ... "

Ein dichter auf den niemand schwört
ist wie ein lied das niemand hört
So frag' ich mich und klage nicht ...
Wer braucht schon "niemand"!?
;-)

... heiter weiter ...

So spamte ich mit diversen Gedichten viele Gästebücher zu ohne je eine Antwort zu bekommen. Es gab einfach ...

"Kein Endschluss"

Dein gästebuch ist vollgesaut
vom dichter der sich alles traut
der würd' auch alles machen
wenn's geht um schmutzige sachen

Nur die so scheinbar braven frauen
die tun sich nichts trauen
zumindest nicht wenn mann sie fragt ...
ach, hätte ich's bloß nie gesagt :o(

Nun macht der dichter heiter weiter
was bleibt ihm anderes übrig?
Ein mann muss tun was man tun muss!
Ein dichter fasst da Kein Endschluss ... ;-)

Manche Damen taten mir aufgrund ihrer Schreiblähmungen allerdings schon leid ... Es wurde Zeit für Entschuldigungen ...

"verzeih, bitte verzeih"

Emsig schrieb ich Dir gedichte
was gelöscht wird ist geschichte
könnte sein, ich wiederhole
was gelöscht wurd' mit gejohle

Verzeihen bitte musst Du mir
was ich vergess' nach zu viel bier
kann es passieren dass wir verlieren
gedächtnis und die guten manieren ...
;o)

"Ich kann's auch verzeihen!"

Kürzlich schickt' ich Dir ein reim
Du magst ihn nicht? Ich kann's verzeihen
belohntest mich nur mit 'nem schweigen
da brauch' ich mich nicht zu verneigen!

Sprachlos werden frauen schnell
mir scheint das nicht besonders hell
doch bevor ich mich zu viel beklage
gehe ich wie alle tage
weiter schauen was' sonst noch gibt
und ob mich gar 'ne andere liebt ... ☺

Ich konnte es nicht mehr verbergen ... diese Ignoranz,
Arroganz und Zickerei hatte mich schon ein wenig ...

"deamoretisiert"

Willst Du verschmähen diese wichte
die Dir schreiben lieb' gedichte!?
"Ja! ... denn sei er noch so wortgewandt
richten kann's nur Amor's hand"

Dein Pfeil, der hat mich tief getroffen
Amor, der war wohl leicht besoffen
bei anderen hatte er's auch schon probiert
die hat er pathetisch amoretisiert

Wahrscheinlich kann er manchmal nur deshalb nicht zielen
weil die engelein ihm an seinen eiern grad spielen!
... ich glaube, mir könnt' das genauso passieren
also werd' ich es einfach noch weiter probieren ... ;-)
lg
Amor Jr.

Ich fragte mich immer mehr und immer wieder nach dem Sinn der Singlebörsenpartnersuche ...
Damit komme ich zum Kapitel 6 der allgemeinen Börsen- und Genderproblematik ...

oh ... es ist noch reichlich Platz auf dieser Seite ... da passt noch eine kleine Nebenhandlung ...

In den Gästebüchern meiner poetischen Verbreiterung wurde ich manchmal sogar von Geschlechtsgenossen denunziert. Sie kommentierten meine Reime mit Äußerungen wie zum Beispiel ...

>>
Reim Dich oder ich fress Dich ... Ich könnte kotzen!
<<

Ich antwortete dem dämlichen Rotzlöffel ebenso ...

"Gehässig"

Reim Dich oder ich fress' Dich
das klingt schon sehr gehässig
wer so was sagt wird so auch sein
dem fällt wohl nichts gescheites ein

Na, wenn Du willst, dann sollst Du doch kotzen
über dich selbst und dein dämliches motzen!
Ich wünsch' Dir auch eine die Dich verführt
eine zum kotzen! ... wie's Dir gebührt
:o)

So! ... dem habe ich aber die Hucke voll gegeben! ;-)
Und nun zum versprochenen ...

Kapitel 6 - Die Börsen- und Genderproblematik

Ich wusste nicht so richtig ob ich nun aufgeben oder weiter
machen sollte ... zum Kapitulieren hatte ich aber schon zu viel
Reimzeit investiert ... jetzt konnte ich keinen Rückzieher
mehr machen!
Also überlegte ich mir einfach alle Anderen vom Unsinn der
Börsenmaklerei und vom Aufgeben zu überzeugen ...
Wenn dann keine mehr da ist, dann hätte auch ich endlich
meine Ruhe! ;-)

Ich wäre dann nur noch ...

"Einer mehr als Keiner"

Bist Du ständig hier am stöbern
vielleicht auch viel zu lang am zögern
musst Du mal den kopf abkühlen
und im real life etwas wühlen
da gibt es manchmal auch so kerle
die suchen noch nach einer perle

Es kann dir doch nicht schwer fallen
dir mal einen kerl zu krallen
schließlich schaust Du recht adrett
und was Du schreibst klingt auch sehr nett ...
Nun gehst Du hier im netz verschollen
das kann doch niemand wirklich wollen!

Also sag mal, wo ist dein problem?
Ich kann das wirklich nicht verstehen
würd' ich Dich treffen an der bar
sprech' ich Dich in sekunden klar
nur ein blick würd' schon genügen
denn so ein blick der kann nicht lügen

Worte werden viel verteilt
hier im netz wo's jeden eilt
schnell mal eine abzugreifen
doch triffst Du einen von diesen steifen
kommt kein lockeres wort mehr raus
und der blick ist auch ein graus

Also erspar Dir deren wilden lügen
mach Dir die suche zum vergnügen
geh' mal raus und lächle mal
dann sprichst Du schnell paar kerle klar
mit sicherheit auch meiner einer
das wär' schon einer mehr als keiner ;-)

Mehr wirst Du auch nicht brauchen
wenn wir dann zu zweit abtauchen
und ich sag's Dir ohne lügen ...
es würd' ein riesiges vergnügen!
☺

Einige waren kurz darauf von der Börse abgemeldet ... aber
aus meinem Vergnügen wurde wieder nichts ☹ ... und Alle
wurde ich nicht los. Es waren einfach zu viele ... ;o)

So langsam fühlte ich mich nur noch wie ein hängender ...

"heulender hoden"

heulende hoden hängen am boden
dann tun sie aus frust, was nicht geht aus lust
besser macht's nix, das is ja der wix
denn am öden ende, machen's doch die blöden hände ...
;o)

Es war vielleicht auch einfach ...

"zu viel des Guten"

Hätt' ich nicht so viel gedichtet
und mehr aus meinem Herz berichtet
dann wären sie mir treu geblieben
doch nun muss ich mich neu verlieben ...
;o)

Für meine philosophischen Beiträge bezichtigte man mich
sogar des ...

"Stalking"

Schon zur schulzeit wurden frauen geplagt
von jungs mit kreuzchenzetteln gestalkt
Ja oder Nein, oder Ja und lass es sein
oder Nein und mach es doch
oder was willst Du noch ... ?
Willst Du's erst genauer wissen
und dich hinterher verpissen?

Man kann's auch anders machen
statt verknallen ... gleich verkrachen!
So kreuzt man virtuell durch den börsenzauber ...
das geht ganz schnell und das zettelchen bleibt sauber ;-)

... manchmal hilft nur noch Johnny Walker!
gez. Der Reim-Stalker :o)

Was war das bloß für eine Unart, meine Kunst als Stalking zu
bezeichnen ☹ ... und wenn, dann bin ich ein ganz lieber
Stalker! ... schließlich bin ich hier doch nur ganz freundlich
am ...

"Schwanz wedeln ..."

Was ich hier treib', man sagt das sei anzüglich
mich jedoch stimmt es nur heiter und vergnüglich
so verpasste mir doch manche schon, wider meinem willen
einen maulkorb als des dichters lohn, um meinen trieb zu stillen

Dann wedelte ich mal ganz gelinde, freundlich mit dem schwanz
damit ich eine schneller finde, doch Meine wurd's nicht ganz :o)
also sagte ich mir, ist ganz klar, ich hab' zwar jeden reim verloren
aber für so'n maulkorb da, bin ich wirklich nicht geboren!

der Dichtewuff

Also wirklich! ... statt Bellverbot hätte ich mal eine Kraulung,
Trost und eine gute Fütterung gebraucht! ... gab's nicht! ...
Also ging ich mit gutem Beispiel voran, sammelte all meine
psychische Manneskraft und wollte die traurigen Mädels ...

"nur einmal trösten"

Ich weiß ich bin ein Hans im Glück
ein stück davon fällt auf mein' schwanz zurück
darum darfst Du mich nur nicht beneiden
denn neid ist ein trauriges leiden
Für mich wird das dadurch zum großen problem
... ich kann eine frau nicht leiden sehen!

Sofort will ich mich um sie kümmern
ihr leiden in liebe zertrümmern
doch der gute wille meist endet brachial
das ergebnis ergibt sich entsprechend fatal

Daher tröstet mann nicht mehr als jede
nur einmal ...
;o)

Trostbedürftige Menschen sind leicht zu erbeuten, daher ist ihnen auf einfache Weise zu helfen, ihrer Opferrolle treu zu bleiben ... ;o) ... Ich tröstete sogar von ihren Männern verlassene Hausmütterchen und machte ihnen wieder Mut ...

"nicht verzagen ... dichter fragen!"

Meene kleene muffelschnute
vergisst beim klagen alles gute
selbst die lieben kinderlein
die schmücken doch dein eigenheim ...
Aber nöl' dich nur mal richtig aus
nur bitte nicht in meinem haus!
auch nicht nur zum kaffee trinken
sonst wirst Du nur mit leid rum stinken
und über's singleleben klagen ...
das nervt nur, kann ich sagen!

Mich interessiert doch nur das küssen
da wirst Du dich wohl umstellen müssen ☺
Würdest Du dann gleich beim küssen müde
fände ich das ganz schön prüde
missbrauchtest mich zum mittagsschläfchen
zähl' ich Dich als schwarzes schäfchen
die darf man auch im schlaf vernaschen
so schlüpfst Du mir nicht durch die maschen ;-)

... aber glücklich träumen wirst Du dann
vom sagenhaften dichtermann! ☺
♥

Na ja, an den Hausmütterchen hatte ich eigentlich nur sekundäres Interesse ... eben ein bisschen Kommunikation pflegen! Aber wer weiß ... vielleicht hätte sich auch etwas mehr daraus ergeben ... ?! ...

66

Meine Angebote, im Allgemeinen, fanden jedoch nicht den gebührenden Erfolg! Mir kam es fast so vor, als wären die Singlebörsenmädels alle etwas ...

"Männerfeindlich"

Männerfeindlich ist hier nur
wer wehrt sich gegen die natur!
Ich würde mich da niemals wehren
denn die natur tu' ich mit herz begehren
ganz besonders die der frau
das wissen die auch ganz genau
deshalb wollen sie männer schleimen lassen
bis wir in ihrem schoß verblassen ...

Doch meist der stolz, der hält Ihn aufrecht
verliert mann den, wird man zum klappknecht!
... und das öde lied vom ende dann ...
wer will den schon, den schlappen mann!?
:o(

Natürlich wollte sich meine Manneskraft nicht den Wünschen der Frauen beugen. Ich weiß, Frauen sind etwas esoterisch-romantischer veranlagt und würden die Männer gerne etwas mehr in diese Richtung schieben. Das geht natürlich nicht ... jedenfalls nicht bei einem Mann, solange er noch einer ist! Jawollja!

Frauen werden dann zum Grauen
wenn sie in die Seele blicken
'nem Mann erzählen, wie Männer ticken
statt gescheit mit ihm zu fi ... fy ... foh ...

Sie reden statt dessen lieber so'n Zeugs, wie ...

"Dein Glück liegt allein in Deiner Seele!" ... echt?

Wär' das glück nur in der seele
frag' ich mich was soll's gequäle
hier zu suchen nach dem glück
dem kompatiblen gegenstück

Also fährt man besser gleich in himmel
und fuck auf diesen blöden ... ehm ... schimmel?
der eh meist reitet zu geschwind
im orkan vom seelenwind ... !

Na ja ... vielen dank für die erleuchtung
nur fehlt da die vitalbefeuchtung
und es blieb' auch in der seele dunkel
ohne das vitalgeschunkel!

Also werd' ich fleißig, ohne zögern
einfach heiter weiter stöbern ...
☺

Seien wir doch mal ehrlich ... Frauen sagen das zwar anders,
aber sie meinen doch dasselbe! Nur erreichen sie mit ihrer
indirekten Art den ersten Schritt in Richtung Ziel viel
souveräner als ein Mann, weil sie einfach weniger darüber
reden!

Wie heißt es doch so schön ...
"Reden ist Silber, schweigen ist Gold"

Man könnte auch sagen ...

"Männer reden ... Frauen machen!"

männer sagen solche sachen
die die frauen selbst gern' machen
ohne es zu sagen ... gibt's noch fragen?

Was mir hier im kopf abgeht
eine frau nicht recht versteht
was ich dichte oder schreibe
ob ich's wild, ob mild grad' treibe
ist was frauen sich nicht trauen, so zu sagen ...
dann doch über männer klagen
die nicht machen was sie sagen
statt sich prompt an meiner tat zu laben
tun sie meine worte rügen ... danke!
War mir trotzdem ein vergnügen ;-)

Frauen wiederum, stellen sich gerne dumm
tun so als tun sie's nicht
und machen dann, was mann verspricht ...
Dumm ... weil mit dem richtigen tun sie's nicht!

Richtig, kann nur einer sein
"sprach der has' zum stachelschwein!"
Also, lass mich wissen, schöne frau
bist Du stachelig? ... oder schlau ...
;-)

Frauen sind stacheliger als ein Prachtskorpion ;-)

An dieser Stelle mal ein "Sorry" wegen meiner
Verallgemeinerungen ... aber ich weiß, wer es von sich selbst
besser weiß ... bleibt cool!
;-)

Coole Frauen wissen, dass es einen genüsslichen Sinn und
Zweck gibt, zwischen ihnen und den ...

"Eierleuten"

Manche herrn sind zwar sehr herzlich
doch bei frauen wirkt's oft schmerzlich
denn die maskuline herzlichkeit
ist von der femininen ziemlich weit!

Frauen belieben das so zu deuten
dass die herrn nur mit den eiern läuten
statt zu klopfen an ihren herzen
tut mann's mit geläut verscherzen!

So bleibt des mannes herzenston
ohne den erhofften lohn
weil frauen sich nicht gern' erbeuten
von so herzlich klingend' Eierleuten ...

klingelingelang ... hier kommt der DichteMann!
;-)

Ich habe eine Menge geklingelt ... und zwar sehr laut!
Die ein oder andere hatte mir auch die Türe geöffnet ... aber
nach der Strippvisite wurde ich zu ...

"Des Himmels Sündenbock"

Ich meine ja, es ist schon wahr
die lust ist für die frau gefahr
in ihr brennt ein heißes feuer
das ist ihr selber nicht geheuer ...
und wenn sie einen zum löschen find'
sich wie ein opfer dann benimmt

So wird der mann zum sündenbock
wenn es schief läuft kommt der schock ...
Sie schützt moralisch ihr gewissen
und sagt, der mann hätt' es verschissen!
Doch weil wir männer schlauer sind
sagen wir uns nur ... Die spinnt!
schließlich hat sie's provoziert
und ich hab's nur mal ausprobiert!

Das daraus dann nicht mehr entstand
das liegt doch ganz klar auf der hand
liegt nur an ihrem moralgehabe
das finde ich ja selber schade
doch bevor sie's schiebt auf mein gewissen
werd' ich mich mal schnell verpissen
und klopf' an andere himmelstüren
ohne die moralgebühren ...

Dort such' ich mir den nächsten engel
der sich opfert meinem stängel
und werde weiter wild hausieren
was hab ich schließlich zu verlieren!?
Ich habe wirklich kein problem
also sündenbock dann da zu stehen!

Hausieren geh' ich sündhaft wild
von tür zu tür mit single-schild
bis ich stoß' in einen engel
der mich nicht rügt als einen bengel
sondern mich auch sieht als mann
mit dem man prima vögeln kann ... ;-)

So lockt es mich von rock zu rock
ich bin des Himmels Sündenbock!
knock knock ... knocking on heaven's door ...

So war es tatsächlich! ... ich wurde von einer meiner Eroberungen plötzlich beschimpft und bedroht, weil sie merkte, dass sich ihre geheimen Wünsche nicht mit mir realisieren ließen ... Wieso hat sie nicht gleich, klar und direkt gesagt, was sie will!? ... Sie verlangte dann aber, dass ich das, was sie mir nicht mitteilte gewusst haben sollte!? ... hä ??? Manchmal haben Frauen eben einfach ...

"Einen an der Waffel!"

Mit den Waffeln einer Frau
werd' ich attackiert
schlauer wär's gewesen
ich hätt's nie bei ihr probiert
Das ist echt beschissen ...
doch woher soll man's vorher wissen?!
Nun klebt sie an meinen Fersen
hält mich gar für ein' Perversen
dabei bin ich Pazifist ...
ob das wohl so bleibt wie's ist?
oder werd' ich durch die Qualen
vielleicht sogar zum Kannibalen?!
Ich könnte mich ja revanchieren
und es mal getarnt probieren ...
ich verkleide mich als Waffeleisen
und werd' sie knusprig heiß verspeisen!
:o(

Nee ... es war einfach nur anstrengendes Gelaber und Auskotze, zwar mit einem Zweck, aber ohne Sinn ... vermutlich nur ein verbitterter Versuch durch Gemecker und Eifersüchteleien Aufmerksamkeit zu erhaschen, bzw überhaupt irgendeine Kommunikation zu führen.
Sie hat meine Gedichte nach Lust und Tageslaune interpretiert und erhoffte sich irgendwie vielleicht ...

"ehrliche Achtung – Achtung, ehrlich!"

Ehrlich sei auch auf der Hut
nicht was, sondern mit wem! er's tut
Ehrlich, Dich werden nicht verstehen
die Dich nur in ihrem Film spielen sehen …
☹

Echt toll … da vergeht einem glatt die Lust am großen Kino!
Kennt ihr die Geschichte …

"Vom Käfer und dem Schäfer"

Der Käfer suchte einen Schäfer
bei dem er gerne bliebe …
doch der Schäfer wollt' kein' Käfer
macht nur mit Schafen Liebe!
;o)

Ich muss zugeben, es klingt jetzt so, als wenn ich böse wäre,
nur weil mir jemand mit krabbeligen Gefühlen tierisch auf die
Nerven ging … Das ist aber nicht so! … ich meine, ich bin
nicht so gemein! Oder doch? … Bin ich so gemein wie alle?
Herrje, das wäre schlimm! Wer will schon so sein wie alle!?

Gemein! Das waren Frauen auch zu mir …
darauf trinke ich ein Bier!
Oder lass das lieber sein …
denn ich trink' viel lieber Wein!

Ich müsste jetzt eigentlich zum Kapitel "Non Sense"
überleiten … aber ich bleibe doch noch ernsthaft, denn
ich wurde wirklich ganz gemein behandelt!

Also leite ich jetzt über zu …

Kapitel 7 – Virtuell verknallt!

Cathy! ... meine erste Reim-Flirt-Sympathisantin.
Ein attraktives Mädel Anfang Dreißig.
... dass einer so hübschen Frau meine Gedichte gefallen
imponierte mir ☺
In ihrem Statement schrieb sie ...

*"Ich möchte im Lotto gewinnen und auf einer einsamen Insel
unter Kokospalmen in einer Bambushütte mit Dir leben ...
Und was willst Du?!"*

Ich backte ihr meine ...

"Kokusküsschen"

Im Lotto lass ich Dich gewinnen
mein Hauptgewinn bist DU in Sinnen
KokusNüsse knack' ich Dir
KokusKüsse backst Du mir ♥

Auf unserer zweisam' Insel
da mal' ich ohne Pinsel
am sanfte kribbelnd' weißen Strand
täglich Dir ein Herz in' Sand
denn eines weiß ich ganz genau
Du bist die schönste Inselfrau ☺

Aus Bambus bau' ich Dir 'ne Villa
als Hofhund fang' ich einen Gorilla
im blauen Wasser (jetzt wird's krasser)
bau' ich Dir ein Schloss aus Sand
streif' dann ab dein Strandgewand
und komme endlich mal zur Sache
wozu ich das hier alles mache!

74

Miau mio, miau mio ...
die Leidenschaft, wie trockenes Stroh
sie brennt in mir schon lichterloh :o)
Was ich jetzt will, das fragst Du noch?!
Na, möglichst schnell ins feuchte L*** oh, ehem ...
Wasser!

Und die Moral von der Geschicht' ...
verrat' ich besser nicht! ;-)

Tanti Cocobaci!

Sie war ein Traum ... Profil!
Nach 5 Tagen intensiven Mail- und Reimaustauschs gestand
sie mir dann allerdings, dass sie nicht Single ist, sondern in
einer schwierigen Beziehung sei ... und ihr Ex wäre auch auf
dieser Börse angemeldet ... aha!
Sie entschuldigte sich, dass sie 36, statt angeblichen 30 ist,
ihre Gewichtsangabe auch nur dem Alter ihres Fotos ent-
spicht und dass ihr Foto über 10 Jahre alt sei ... hm ☹

Fairerweise lud sie dann ein aktuelles Foto hoch auf dem sie
aussah wie eine ungewollte Sekretärin und Mutter von vier
Kindern.

Ich fühlte mich meines dichterischen Einsatzes betrogen! :o(
Ich fragte mich, was ist denn das hier für ein ...

"Singleflohzirkus"

Sie schaut nur was ihr Ex hier treibt
hält sich für ein schlaues Weib
so will sie ihren Wert ermitteln
und andere Kerle ums Betteln bitten

Ihr Ex setzt' ihr den Floh ins Ohr
nun geht sie genau so vor
weil sie grad auf alles scheißt
und dieser Floh gern' alle beißt

Gefräßig nährt er sich mit Wonne
vom Abfall aus der Liebestonne
springt weiter auf den nächsten Mann
der für diesen Abfall gar nichts kann
nimmt mit Salto jede Schanze ...
Ein Zirkus ist das, statt Romanze
☹
Und die Moral vom Zirkusreim
fall' auf diesen Floh nicht rein ...
abgesehen von diesen Ängsten
"Ehrlich währt am längsten!"
;o)

Diese Erfahrung reichte mir um meine Annahme bestätigt zu
sehen, dass es sich nicht lohnt möglicherweise ernst gemeinte
Gedichte für eine virtuelle Bekanntschaft zu schreiben ...
Das ist ein viel zu ineffizienter Aufwand!
Mann muss die Gedichte allgemeinkompatibel halten und darf
sich nicht verknallen! ... es könnte sonst zu spezifisch-
überflüssigen Arbeitsaufwand führen ...

Man macht jeden Fehler nur zweimal! ... Also verknallte ich
mich erneut virtuell und schrieb persönliche Gedichte ...

Kora!
Sie war eine nach Vanille duftende Tabeltänzerin in einer
fernen Stadt ... Sie hatte ihr Singleleben satt
und ich reimte sie platt ... ;o)

Sie war mein neustes ...

76

"Leibgericht"

Kora ist mein Leibgericht
delikater geht es nicht!
Wenn Sie sich mir so heiß serviert
tanzt sie dabei ganz ungeniert
und dreht sich auf dem dinnertabel
als wäre es ein plattenlabel
... alles dreht sich ... ganz genau
nur um diese eine frau!

Sie tanzt auf meinem dinnertisch
so sexy frei und frech und frisch ...
wie könnt' ich widerstehen ... ?
das kann doch gar nicht gehen!
Er wächst in mir ... der appetit ;-)
ich glaub sogar ich hab Sie lieb'
so kann ich's denn nicht lassen
auch mal an Ihr zu naschen ...

Vanille steigt mir in die nase *mhhh*
was ist Sie für ein süßer hase ...
da muss ich einfach mal probieren
was hab' ich schließlich zu verlieren!?
... höchstens etwas vom gewicht
durch völlerischen nicht-verzicht
und so wird man bei der "futterei"
tatsächlich auch noch schlank dabei!

Nur hab ich nichts von der diät
weil die so virtuell nicht geht
also schreib' ich Ihr nur ein gedicht!
Aus liebe für Mein Leibgericht ...
♥

Mein "Leibgericht" stand auf raue Jungs mit langem Schopf.
So einer wie ich es bin! Sie sah aus wie die Lead-Sängerin von
Amors Engels-Chor ... und sie sagte, ich wäre ihr Held!
Wie romantisch ... ☺

Ich bin allerdings, dummerdings ein ehrlicher Held und wollte
sie vor den Gefahren einer Heldenbegleiterin nicht ungewarnt
lassen ... also lud ich sie ein, zu der Party in meinem ...

"Heldengarten"

Ich bin ein held des wortes und der liebe
ich dichte nur aus reinem triebe
und mit deinem liebesklang in meinen ohren
fühlt sich mein trieb wie neu geboren ...

Es wäre schön, Du würdest mich besingen
doch aus der ferne wird das nicht gelingen
daher möchte ich Dir raten
komm doch mit in meinen heldengarten ...

Nur ... einen held sollt' man nicht fangen
sonst würdest Du dann mit gehangen
man weiß doch wo die helden enden ...
in dem garten ihrer lenden!
;o)

Hübsche Gärtnerinnen sind immer willkommen!
Kora wollte sich meinem Gartenpartykollektiv allerdings nicht
anschließen, sondern sperrte mich aus ... ☹

Das war aber alles nicht so schlimm ... es gab sogar noch
weniger Schlimme, oder Schlimmeres ...
Schuld daran waren die Börsenrestriktionen!

Auf der Börse gab es nur eine enge Auswahl an Möglichkeiten um anzugeben, für was man Jemand sucht ...
eine feste Beziehung / eine Freundschaft / eine Reise / ein Abenteuer / einen Theatherbesuch ... usw. ...
Die Möglichkeit nach einem Sexdate zu suchen gab es nicht!
Dafür blieb also nur die Option "Abenteuer"! ... Das war sehr missverständlich und daher fand man bei der Abenteuersuche Extremfälle am Rande von Buddha anbetenden Rucksack-touristinnen bis zu restringierten Nymphomaninnen.
Ich klärte das ungereimte unverfänglich gereimt auf ...

"Single-Safari?!"

Suchst Du hier ein "abenteuer"
das ist mir jetzt nicht ganz geheuer
wer danach um die liebe klagt
dem sei mal ganz direkt gesagt
der soll sich nicht beschweren
wenn die lieben sich der liebe wehren

Spaß, der wird hier groß geschrieben
klein, dann das mit dem verlieben
doch ohne spaß wär' auch die liebe nur
ein fader schein sozialstruktur!

Ich habe Jeder geraten immer schön sozial zu bleiben
und es nach belieben zu treiben.
Langsam artete meine soziale Ader aus, zu einem Börsen- ...

"Herzleck"

Mein herz ist frei, oft übertüchtig ...
ich hoffe das macht Dich nicht eifersüchtig?!
Ich finde das nämlich ganz herrlich
das sag' ich Dir hiermit ganz ehrlich! ;o)

Du weißt ja, "nur wer wagt gewinnt"
mit mir gewinnst Du ganz bestimmt!
Nur gegen mich kannst Du verlieren ...
also solltest Du's besser gleich "mit mir" probieren! ☺

Wagst Du es mich zu besuchen!?
Dann verspreche ich Dir mein herz ... lebkuchen ;-)
Wir werden spaßen, lieben, trollen
ich weiß, Du wirst es willig wollen ☺

Gewinnen kannst Du, ohne scherz
mein einziges lebkuchenherz ...
Sollt' Dir das nicht lecker schmecken
dann kannst Du Mich ja lecker lecken!
;-)
Wenn Du leckst, dann wird Dir klar
mich lecken, das ist wunderbar ☺
Satt wirst' mich lecken, ohne scheue ...
vertreibst meinen hunger, leckst so für die treue!

Ich genieße die zeit vor der liebeswende
und hoffe Du leckst mich bis lebensende ... ☺

Aber bald wirst Du sagen "DU kannst mich mal lecken!"
und Ich werd' Dir nur noch die zunge rausstrecken ... :o)
Tja ... das ist die regel, darauf kannst Du vertrauen
so lecken bisslang fast all' meine frauen :o)

Und wie wird es mit uns nun weiter gehen ???
bald wirst Du mich ... !? ... na, mal sehen ...

mit herzlecken grüßen ...

Jau! ... in der Liebesarche ist echt ein lecker Leck am lecken!
Was gibt es schöneres zu entdecken ...

80

Ich bin völlig unschuldig am Singlesurfen und dann ist da plötzlich schon wieder so ein lecker ...

"Scharfer Hase!"

Heiß wie senf brennt in der nase
sie raubt mir den verstand, der scharfe hase
mein atem stockt, mein stock wird steif
ich kriege bock, die zeit ist reif!

Ich wollte noch schreien ... *wer kommt mich retten*
da lang ich schon wieder in fremden betten
mein wille wurd' schwach, das fleisch war billig
das häschen lachte und machte es willig

Der senf brannte feurig, es rannte aus den poren ...
und als ich fast tot wär, aus notwehr, hatte ich mir geschworen
nie wieder so'n senf, nie wieder so eine ...
aber schön is's doch ... Du weißt was ich meine ;-)

Und wenn Du's nicht weißt, dann komm' ich Dich retten
vor falschen hasen in fremden betten ... :o)
Ich sag's mal ganz klar, so als moral der geschicht'
schärfer kriegt mann's selbst ... Mit mehr rett' ich nicht!
;-)

Dieser Reim ergab sich für mich, als ich morgens den Merrettich auf mein Brot drauf strich.
Mann sagt, diese Wurzelessenz sei gut für die Potenz!
Darum dachte ich mir, jede Wette, dass ich mit Merrettich noch mehr rette ...
☺

Bis dato praktizierte ich heiter weiter in Manier der guten alten Single-Schule! ... Schließlich bin ich Einer auf den man sich verlassen kann wie auf einen tadellosen Musketier! Ich bin eben ...

"Einer für alle - alle für Einen"

Mit sicherheit würde ich meinen
Du bist kein mädchen für keinen
Du bist auch kein mädchen für jeden
einen besonderen wird's für Dich geben!

Ich bin besonders ... bei mir wirst Du passen
ich bin Einer für alle und kann es nicht lassen :o)

Unermüdlich suche ich vergnüglich, die eine
die, die so ist wie die, die ich meine
keine für jeden, sondern eine für's leben ... in echt!
Alle für Einen ... für mich! würde ich meinen ... erst recht!
Schalom,
EL Paar Schar

Dann fand ich Eine, die schrieb sie wäre ein ...

"Mädchen für alles" ... Prima!
Denn ich bin ein Mann für jede!
ich wüsste nicht was es schöneres gäbe!

Ich konnte es echt nicht fassen, das musste doch passen!
Aber dann begriff ich nich' ...
sie ist eine für alles ... und keine für mich?!
hm.

Meine Gedanken dichteten sich immer philosophischer und antipoetischer ... ein Singlebörsentrauma ... :o)

Kapitel 8 - Die Irrwege im Börsentraum

Was sollte ich denn nur machen ... ? Sollte ich die Mädels trotz besserem Wissen in der Traumwelt ihrer Sehnsüchte auflaufen lassen und so tun als sei ich ...

"Der Traummann"

Sehnsucht ... ist ein schlimmes Wort
das macht so schnell lethargisch ...
aber wäre Deine Sehnsucht nur nach mir
dann wär's nicht schlimm, nur tragisch :o)

Tragisch jedoch nicht für mich
sondern für die Frauen
denn die wollen Es und sehnen sich
nach Tragik und Vertrauen

Nun frag' ich mich, wo find' ich Dich?
Ich möchte Deine Sehnsucht stillen ... !
Doch fänd' ich Dich, dann wärst' wohl nich'
meine Sehnsucht und mein Willen!

Lethargie, die will ich nie
nur Sehnsuchtsfantasie
auch wer ich bin verrat ich nie
viel schöner ist die Fantasie ...

Selbst wenn Du wüsstest wie ich wirklich bin
dann wärst Du auch nicht schlauer
das fänd' ich aber auch nicht schlimm
ich weiß es ja genauer ;o)

1000 Küsse
Der Traummann ♥

Die Damen verträumen sich in ihren perfekten Gatten ... und wenn sie aufwachen beschweren sie sich noch, dass sie nur geträumt haben! ... Die durch Traumvorstellungen verschleierte Wahrnehmung der Sehnsüchtigen ist zumeist ein reell ...

"Verträumter Verstand"

Du hast ihn nie gesehen
bis er dich berührte
Du kannst es kaum verstehen
wie er Dich verführte

Aus einem traum kam er zu dir
nicht aus dem verstand
instinktiv, das tier in Dir
behrt sich seiner hand ...

Er hielt Dich fest um deine hüfte
Du fühltest Dich hypnotisiert
im banne weiblicher gelüste
warst Du leiblich fasziniert

Es blieb nicht nur bei der berührung
denn es war ja nur ein traum ...
suchst Du real nach der verführung
dann wird sich Dein verstand nicht trauen!

Mann sollte sich eben klarer werden ... ist es Lust? ... oder ...

"nur liebe"

Ist es nun die Liebe die mich treibt?
Wo sonst die Muse mir nur bleibt!?
Vielleicht ja auch mein Schwanz ...
oder nicht vielleicht, sondern sogar ganz!

84

Tja ...
Wer weiß das schon?
Wo bleibt der Lohn!?
Amor soll endlich schießen seinen Pfeil ...
denn ich bin schon ziemlich geil!
☺

hm ... das ist den Traumweltlern natürlich wieder zu platt.
So darf mann das alles nicht sagen ... Ich sollte mal etwas
tiefsinniges, poetisches schreiben ... so wurde es mir
unterschätzer Weise, aber guten Willens, empfohlen ... ☹
Aber nö! ... ich mache doch ...

"Nie Poesie"

Die poesie mocht' ich noch nie
die klingt immer so tragisch
fröhlich macht die mich auch nie
höchstens nur lethargisch

Dies geschwafel über liebe
und tiefe emotionen
das kann sich doch für gute laune
niemals wirklich lohnen

Es wäre auch nicht angemessen
mit so was zu hausieren
sonst würden hier die damen noch
ihr herz an mich verlieren ...
;-)

Wider meiner Überzeugung schrieb ich trotzdem ein paar po-
etisch, romantisch anmutende Zeilen, jedoch mit großem
Bedacht darauf nicht zu reimen, damit es nicht so ober-
flächlich und unterhaltsam wirkt! ... also wehte ich dahin ...

"Im Seelenwind"

Wie die blüte des frühlings
bei den ersten sonnenstrahlen des jungen morgens
mit einem hauch zwischen sehnsucht und seeligkeit
bereit für das leben hinter dem zaun ihre triebe reckt
sich der freiheit des windes aussetzt
durch den garten ihres lebens weht
zweifellos ihrer bestimmung nachgeht
neue wiesen zu begrünen
neue zäune zu durchwachsen
und dem weg des windes zu folgen
in gedanken schon an den nächsten frühling ...

So möchte auch mein herz sich recken
im seelenwind der liebe
aus der sucht die frucht in Dir entdecken
und Dich vom triebe bis zur blüte lecken ...
Lass es Dir schmecken!
☺

Ja, so kann mann's natürlich auch sagen wenn man gerne
fluffig durch die Gegend wehen möchte, um grenzenlos seine
Pollen zu verbreiten ;-) ... Ich finde so was aber gar nicht zum
lachen ☹ ... Contenance! ... Aber dieses ist schön ...

Ein kleines Sommergedicht

"Der Schmetterling"

Zum Glück, sagte der Schmetterling
ist das Internet nicht so mein Ding
und machte dann entzücklich
viele Blumen glücklich ...

ξӜʒ

86

Nun ein tiefsinniges Gedicht für ein schlaues Mädel, inspiriert von ihrem imposanten, philosophischen Denkansatz ...

>>
Leben heißt mehr Träume zu haben, als die Realität zerstören kann! ... weitere Ergüsse folgen ...
<<

"Träume erleben"

Mit philosophischem Erguss
gibt's voll ein' auf die Nuss! Nur ...
wieso muss der philosophisch sein?
einen echten fänd' ich fein ... !
So träum' ich das ganz realistisch
zerstören fänd' ich pessimistisch!

Ergüsse hab' ich ganz schön viel
nur treffen die meist nicht ihr Ziel
weil meine Realität
kaum eine versteht! Aber ...
Dein Statement machte mir verständlich
ich lebe ... letztendlich! ☺

Wie sagt man doch gleich ...

Der Prophet im eigenen Lande lebt
sein seelenwind im andern lande schwebt!
Dort säubärt er den Geist der Jünger
denn im Ausland sind sie dümmer *g*

Wie das mit Deutsch Sprache so ist ... hierzulande bemerkt man mich nicht und im Ausland versteht man mich nicht!
Vielleicht ist das auch ganz gut so!
Wenigstens man sieht meinen ...

"Prophetenschweif"

Die propheten machen saubär wie kometen
man denkt die haben einen knall
denn sie schweifen mit putzstreifen
ungehört herum im all ...

Bevor sie knallen auf die erde
sieht man sie noch funkeln
"das war wohl wieder so'n prophet"
hört man es noch munkeln

Dann verglühen sie in der atmosphäre
was wär' wohl wenn die nicht wäre?
aber leider kann das phänomen
keiner hören und kaum verstehen ...

Gates sei Dank, sind die prophetenstreifen
nun auch unerhört im netz ausschweifen ... ;-)

zisch und wisch und weck
das war ...
Prophet von Dichterfleck! *g*
;-)

Zu löblich möchte ich mich nicht rühmen ... aber ob nun
Propheten- oder Fuchsschwanz, ich war schlau genug um auf
meinen Braten zu warten, denn ich bin schlau wie ...

"der fuchs!"

der frühe vogel fängt den wurm ...
und der späte fuchs, ganz ausgeschlafen
holt sich dann den braten
vom grill aus nachbars garten ;-)

Ich verweilte dichterisch in der Warteschleife des Börsen-
bratofens. Die anderen nicht ... jedenfalls nicht dichterisch!

Sie schienen nur wenig Zeit zu haben, um zu ...

"warten auf den braten"

Man sollt' nicht schnell zu viel erwarten
sonst drückt er sich, der fette braten
saftig wird's nur mit geduld
verkohlt er Dich, bist' selber schuld!

Doch darfst Du dir im traum was denken
dann kommt's von selbst, so kannst Du's lenken
ich werd' es fühlen, wenn's gutes ist
geb' Dir dann gern', was Du vermisst!

Wenn's so dann läuft, dann wär' das schon
in hochkarat, die perfektion
und auch die schönste symbiose
unterm rock, wie in der hose ☺!
Also ...
see you later aligator
und bis denne, meine Bratenhenne!
;-)

Das ist keine Poesie? ... Aber Streitpotenzial! ... also ein ...

"Wichtgedicht!"

mir erzählte grad so'n wicht
Du wünscht Dir ein gedicht
nur der Goethe hat grad' nöte an der klöte
deshalb springe ich für ihn kurz ein
das kann ja auch nicht schlechter sein ... :o)

Dieses Gedicht ist ganz besonders schlecht angekommen, weil die Adressantin ein überzeugter, loyaler Goethefan war ... :o)
Ich bin der abermaligen Löschung meines Profils, wegen schlechtem Nachrufs, nur knapp entkommen ;-)

Hier noch so Eins, für eine Frau die Fan von Erich Fried ist ...
Ich, ein Dichter der Frauen von Kollegen ausspionieren will ...

"Dichter's Frauen Fetisch"

Erich Fried, den hab ich lieb ...
auch wenn ich den nicht kenne
weil ich doch viel lieber noch
mit dichters frauen penne!

Also nimm dir den, lass mich nicht stehen
sondern mach's mit mir im liegen
vorher doch, da musst Du noch
einen echten dichter kriegen ...
;-)

Mit den Kollegen wollte ich mich eigentlich gar nicht messen,
aber mir war es einfach nicht bewusst, dass Goethe ein
Kollege ist! ... Ich wusste doch noch nicht einma',
dass dichter ich da selbst schon war! ;-)

Ich wollte natürlich keinen Stunk!
Das wäre für mich eine fatale ...

"Mist-Werbung!"

Ist hier Werbefläche zu vermieten?
Ich könnte paar Gedichte bieten!
Ich bin sogar bei dem Versuch
und schreib' davon ein ganzes Buch

90

Ich dichte das was man erlebt
wenn man virtuell nach Liebe strebt
Es gibt nur ein Problem dabei
es ist nicht so ganz jungendfrei

Erwachsene wollen es auch nicht hören
weil meine Reime sie empören ;o)
Also wenn es dann mal fertig ist
liest es keiner ... So ein Mist!
:o(
Nur einer der's ertragen kann ...
"Selbst ist der Mann!"

In diesem Buch geht es darum, dass mann etwas sucht ...
Was war das doch gleich? ... Zeitvertreib? ... ein virtuelles
Weib ... etwas Unterhaltung ... oder überhaupt so nur so
irgendeinen Sinn ... ?! Vielleicht auch eine Frau oder einen
Mann ... aber das ist schon wieder etwas Spezielleres!

So ganz im allgemeinen ist doch immer irgendwie ein ...

"Gefühl Gesucht!?"

Du suchst Gefühl ...
wer soll's Dir geben?
Gefühle musst Du selbst erleben!
So wie viele es probieren
werden sie immer nur verlieren ...
denn solange Du nicht fühlst, sein Schwanz
wird's zwar halbes, doch nie ganz!
öhm ...
das war schon wieder so ein platter Reim ...
das Geratter musst Du mir verzeihen! ;o)

Es wird wohl mal Zeit für eine tiefenpsychologische ...

"Kompatibilitätsanalyse"

Ist es wichtiger wie man scheint
oder richtiger was man empfindet?
Ist es richtiger was man meint
oder wichtiger dass man nicht erblindet?

Sehen tun nicht viele viel
fühlen auch nur ganz subtil
und je nachdem wie viel sie sehen
versuchen sie es zu verstehen ...

aus wenig wird so manchmal mehr ...
geb' ich gerne, bitte sehr!
Ich befürchte nur ... und das ist schade
wenn es gut geht, reicht es grade
bis zum sexualverkehr
☺ ☹ ☺

Bei mancher Eroberung merkt man dann plötzlich, meistens
sehr spät, wo man da reingerasselt ist, das ist ein völlig ...

"Falsches Drehbuch!"

Borderonliner könnte man sie nennen
die nur ihre eigene wahrheit kennen
In ihrer welt führen sie die regie
das drehbuch in der fantasie ...

Man bekommt dann gleich eine heldenrolle
selbst wenn man sagt, dass man die gar nicht wolle
doch während des films kann man's gut sehen
sie wollen weder hören, noch können sie's verstehen
denn alles was man ehrlich sagt
subtil nur an ihrem Ego nagt ...

Wenn dann irgendwann die klappe fällt
wirst du für sie zum arsch der welt
sie fühlen sich betrogen, von dir belogen
dabei waren sie selbst auf taub gestellt
... und so wird zum arsch
der einst war ihr held!
:o(

Was meinst Du dazu!?
Habe ich vielleicht irgendetwas falsch gemacht?

"Hast Du Erfahrung?"

Dann sag' mir mal, was mir das sagt ...

nur wer keine erfahrung hat spricht darüber
nur wer keine hat, spricht über erfahrung
nur wer keine hat, spricht darüber
nur wer keine hat, hat keine
nur keine hat keine
nur habe keine
nur was?
Hm!
;o)

Keine Frau?

"Quak!"

Nur weil ein paar Frauen sich nicht trauen mich zu kriegen,
zu ihrem Unglück dann den "Traummann" lieben,
wollen sie mir was in die Schuhe schieben ... ?!
Quak! ... Am besten drüber lachen,
ich kann eh nicht 1000 Frauen glücklich machen!
... oder doch? ... hm ... Versuch macht kluch ... ☺ ...

Jedenfalls sieht mein prophetisches Onlineauge täglich mindestens ...

"1001 Dicke Sterne"

Frauen wären oftmals gerne
der einzige stern auch aus der ferne
schauen sie dann in' männerhimmel
hängen da schöne, lange, dicke ... sterne

Schaut ein mann in' himmel der gelüste
hängen da auch ganz viele runde, dicke ... sterne
die hätte er natürlich alle gerne
schwer fällt ihm dann der verzicht
denn sterne sind für ihn 'ne pflicht!

Wirst Du nun die Tausendeinste
das klingt vielleicht wie das gemeinste
nur vergiss doch mal den zahlenkummer
Du wärst MEINE EINZIGE mit dieser nummer!
☺

Du solltest deine Nummer in Ehren halten,
sie macht Dich einzigartig ... für mich! ;-)
Du weißt doch ...
"Wenn Treue Spaß macht ist es Liebe"
... aber erst wenn Verwöhnen heiß macht ist es guter Sex!
Wenn dann aus Spaß ernst wird und der ernst Spaß macht,
dann ... WoW ... Goal!
Dran bleiben und den Vorsprung ausbauen ... !!!

Jungs! ... merkt euch ...

Wenn es mit ihr genau so schön ist wie ohne Sie,
dann werdet ihr ein glückliches Paar ... na klar!

Das ist dann nämlich weit mehr als nur …

"Virtuelle Nähe"

Wozu in die ferne schweifen
das kann ich nicht so ganz begreifen
wenn das glück läg' uns so nah
wär' das doch einfach, wunderbar!

Aber als man das so sagte, zu der zeit
war das internet noch nicht so weit
also schweif' ich in die world wide ferne
wollen mal sehen was ich daraus lerne!

Tja, reif scheint's nicht, doch schweif ich gerne …
;-)

Ich lernte zum Beispiel das Dichten nicht immer so ernst zu
nehmen und einfach mal ein paar schwerelose Lockerstimmer
dahin zu schreiben …

Seltsamerweise wurden diese Gedichte dann besonders ernst
genommen, bezüglich der Beurteilung meiner Person und
Verurteilung meines Gewohn … oh oh …
Na, vielleicht bin ich ja wirklich so schlimm wie es auf einige
den Eindruck macht!? ☹ … Dabei wollte ich doch nur einen …

"Dicht-Night-Stand"

Willst Du einen ONS?
Ich habe beste DNS!
Nur einmal würd' mir reichen …
danach werd' ich mich schleichen!

Jedenfalls derweil … bin ich schon wieder …

Kapitel 9 – Nonsense & Spaßgedichte

"Affengeil!"

Du süßes sexy singleweib
ich bin Dichter wie's ein affe treibt
ich kraule Dich, leck' Dir die haut
mach' Dich zu meiner affenbraut

Bananenmilch kriegst Du zu futtern
so möcht' ich täglich Dich bemuttern
und bananensaft, so nebenbei
gibt Dir die kraft vom affenei ;o)

Kriegen wir das so nicht hin
dann wär' das aber auch nicht schlimm ...
ich zieh' mir für Dich die Spermdirhose an
und mach's Dir spermdabel wie ein affenmann!

Ich spendiere Dir dann meine sahnebanane
sperm' Dir, exklusiv, eine samenabnahme
und so melkst Du mir, dem affenknilch
die leckerste bananenmilch ... ;-)

bon appétit,
King Loui

Ja, genau so bin ich! Wie ein Affe möchte ich's treiben.
Wieso auch nicht!? Affen sind sehr gelenkig und können
überall hin klettern. Das eröffnet eine Menge neuer
ungeahnter Möglichkeiten ...

Also, wenn ich Lust hätte, dann machte ich es eben einfach ...

"überall!"

Machst Du's lieber weich im bett
oder auf dem bügelbrett?
vielleicht auch in der küche
haust das geschirr dabei zu brüche
dann gibt es schlimme flecken
bis hin zu den küchendecken
soweit spritzt die suppe
wär' Dir das etwa schnuppe? Puppe!
wer soll das von den decken lecken?
so weit könnt' ich meine zung' nicht strecken
also lass uns doch in' betten bleiben
und es dort gemütlich treiben
dann gibt's auch keine deckenflecken
höchstens auf den bettendecken ...

Doch gibt's kein bett und Er ist prall
dann treib' ich's mit Dir überall ;-)
na logo!
☺

Und? ... sind solche hübschen Gedichte etwa was schlimmes?
Was bitteschön soll denn daran anzüglich sein?
hm
Komme ich deshalb nun vor ... ?

"Das Strafgedicht"

Ich bin kein toller Dichter
ich wär' viel lieber Richter
dann würd' ich mich dafür verklagen
mich wie ein Dichter zu betragen ;o)

nee, quatsch!

97

Ich wäre gern' noch dichter
dann käm' ich vor den Richter
der könnte nicht verzichten
sein Urteil mir zu dichten

nee, das ist zu gemein!
Jetzt aber richtig ...

Wäre ich ein Richter
dann wär' mein Urteil schlichter
ob schuldig oder nicht
Zur Strafe ein Gedicht! ;-)

z.B. ein Gedicht für Lesben! Da geht's ab wie vor ...

"Sodom's Himmelstor"

Da hätte ich Dir fast geschrieben
ich will Dich auf ewig lieben
aber
Schönes weib, recht sonderbar
machst Du andere weiber klar
an meiner beute willst Du naschen ... ?!
ich würd' Dir gern' den kopf mal waschen!

Ja, schmutzige köpfe überall
dafür braucht's 'nen wasserfall
wo Adam und die Eva duschten
Amor's pfeil trifft nur noch luschen ☹

Mit den Lesben und den engelein
würd' ich gern' mal glücklich sein
doch vor des Sodom's Himmelstor
steh' ich nur wie blöd davor ...
:o)

Die Lesben mit den Venuselfen unter Adams Wasserfall … !
So ein spritziges Vergnügen stellt man sich doch ganz nett
vor! ☺ … immer schön locker bleiben, es mit offenen Augen
treiben, genießen … und … neugierig geworden auf die
natürlichen Funktionen der paradiesisch-männlichen
Schöpfung sagt sie, sie würde gerne einfach …

"mal schauen wie's kommt!" ☺

Man kann nicht alles regulieren
man muss es auch spontan probieren
und dann mal schauen wie es kommt
manchmal gar nicht, manchmal prompt

Es lässt sich halt nicht alles planen
vieles lässt sich nur erahnen …
man soll auch nicht direkt reinschauen
sonst könnte es die Sicht versauen …

Doch wenn's mir kommt, dann wird sie's sehen
wie's mir kommt und schnell verstehen
denn dann hat Sie's mal erlebt
wie's die Augen voll verklebt … ;o)
drum hätte sie nicht gucken sollen
sondern besser schlucken wollen …

Nun sieht sie was sie davon hat!
;-)

"aber bitte mit gabel"

Suchst Du beim burger king nach einer gabel
stichst Du dir nur selbst in' schnabel
den burger kannst' mit strohhalm essen
das wäre eher angemessen!

Nun kommt mein Geständnis, tief verborgen in einer augenscheinlich doppeldeutigen Message ... Ich habe Einen! ...

"Knall wo es geht!"

Man soll den tag nicht vor dem abend loben
und den sex nicht vor dem ersten kuss!
Amor bricht sonst vielleicht der bogen
und kommt nicht mehr zu schuss

Knallen tut dann nur der bogen
nicht jedoch der pfeil
der pfeil kommt lautlos angeflogen
und macht dann lautstark geil

Dann knallt es plötzlich überall
wo es geht, wenn er steht
im liebesrhythmus intervall
wo jeder mit muss mit 'nem knall ;-)

Hast Du 'n knall?
Ich schon ... wo es geht ...
Peng!
Der Knallfrosch
:o)

Yep! ... Für viele, der an Mitgliedleidenden, habe ich ein wahrhaftiges Feuerwerk der Börsendichtekunst geboten!

"Peng Spam!"

Rämänäm spämbäm
weil isch det so gut känn
dichtisch immer heiter weiter
das spämmen macht mich immer breiter

Müsst' ich das jetzt singen
dann würd' es pankich klingen
doch meine liebe ist der jäzz
so frag ich mich ... wat soll all däs ... ?!?
:o)

Ich wurde gefragt, ob ich beim Sex auch reimen würde.
Ich musste leider berichten, über meine ...

"Geisteslähmungslust"

Zu Deinem glück, mein geist ist nackt
wenn mich meine wolllust packt
kein reim fällt mir mehr ein ...
mit keinem wort könnt' ich's beschreiben
wenn wir es gerade treiben ...
also lass ich's besser bleiben!
Um's jedoch mit worten auszudrücken
muss ich Dich gereimt beglücken
viel besser würde es gelingen
wenn wir mal 'ne nacht verbringen!
☺

Am besten zu Ostern! Dann gibt es diese ...

"Schöne ostern, bunte eier!"
Aber lecken und nicht kauen
weil die beim lecken besser schmecken
denn beim kauen werden sie zu blauen
das wär' nicht richtig, die sind giftig
das find' ich wichtig, für die frauen
besonders diese herben, derben
die so ungestüm die chance verderben
auf neue kleine kückenerben ☹
piep piep piep ... ☺

Mann muss eben auch an die Zukunft denken!

"Mukker's Zukunft"

Wenn Er Dir nicht mehr steht
wirst Du ein prophet!
Läuft's noch mit deinen groupies
wirst Du dichter über boobies!
Daher bedichte ich die tittchen
der heißgeliebten schnittchen!

Wie's danach dann weiter geht
weiß nur der prophet ...
;-)

... äh ... wie WAS weiter geht? ... oder viel mehr, mit WEM?!
Das will ich wissen! ... Diese dämlichen Proleten-Propheten ☹
Was nutzen mir die ... ?

Mit meinem nächsten Klick traf ich auf eine Frau namens ...

"Lichtblick"

Ein Lichtblick bist Du wahrlich
Du schaust auch sehr beharrlich
ehem ... schöne haare, wollte ich sagen ;-)
nicht dass Du denkst ich würde klagen
Auch sonst ist alles an Dir dran
was man sich so wünscht als mann
nur wünscht' ich mir, Du wärst auch hier
denn schöner wär' es noch mit Dir
zusammen
ich würde Dich gern' fangen
nackig
in deinem bettchen

kack ich … *oh, sorry*
danach ein zigarettchen …
so'n Dreck, schnell weg
kuss und schluss!
Tschüss

ps: das war mir echt unangenehm was mir da wieder
passierte … welch Glück, dass ich das nicht bei mir probierte!
;o)

So langsam wurde ich wohl doch etwas anzüglich.
Ich Schrieb sogar Gedichte für eine …

"Domina"

Domina, Du meine Liebe …
Du weckst in mir verborgene Triebe
schnürst Du mich mit Schlips und Fliege
bekomm' ich hübsch und reichlich Hiebe!
Wie kann ich mich dafür bedanken
bei der schönen Kranken!?
Alles was für mich nur zählt
dass eine Frau mich richtig quält
denn würdest Du mich zärtlich rügen
dann wär's mir nicht genug Vergnügen
den Schmerz würd' ich vermissen
drum plagt mich mein Gewissen
und ich möchte Dir vor allem
zum Dank mal eine Knallen!
;o)

Sie bedankte sich höflich und teilte mir mit, dass sie meinen
Gästebucheintrag wieder löschen wird.
Sie musste das tun, Kraft ihres Amtes! Aber immerhin hat sie
dabei Benehmen bewiesen und die Contenance bewahrt.

Das war eine gute mentale Vorbereitung für das jährliche Muttertagsgedicht ...

"meiner futtermutter"

Alles gute meiner mutter!
Du gabst mir einst ein dach und futter
das habe ich sehr gern' gegessen
fast hätte ich das schon vergessen

Nun schau ich wer mich nun bekocht
doch so wirklich hab' ich's nie gemocht
dann, glücklich wurd' ich als ich seh'
www.chefkoch.de

So wurd' mir klar, ich brauch gar keine
und glücklich machen meine reime ... ;o)
nun kriegst Du ein' zum muttertag
weil ich dein futter gerne mag ... ☺
Dein SohneDichterMann!

Meine Mutter interpretierte daraus fehlende Liebe :o)
Wie "einsichtig" ... ich fragte erklärend noch mal ...

"mit ohne liebe?"

Wer spach denn hier von ohne liebe?
Ich sprach nur von sex mit echtem triebe!
Wie Du denkst, ist nur was frauen sehen
dann wollen die mich wohl nich' verstehen
doch das ist dann ja ihr problem!
Die können ja ohne sex mit einem gehen
nur nicht mit mir, das hatte ich schon
so wurd' die liebe zu 'nem öden lohn ...
und deine vermutung ... eine fehlinterpretation!

104

Aber nun zurück zum thema
ich mache es mir viel bequemer
ob sex und oder liebe ...
ohne essen kannste's eh vergessen!
;-)

Also echt, ich verstehe nicht, wieso Keine versteht,
dass es nur ums Essen geht! :o)

Bon appétit !

Ja, Essen, das war auch einer der Hauptgründe weshalb ich
einer jungen und schönen Dreiundzwanzigjährigen kurz nach
unserer virtuellen Trauung wieder die Scheidung einreichte.
Weder kannte, noch mochte sie Oliven ... So kann man doch
zusammen nicht glücklich werden, oder?!
Ich schrieb ihr nach längerer Sendepause aber noch ein
liebes-Gedicht, zur ...

"Erinnerung"

Meiner ex-frau, virtuell
auf dem weg ein gruß noch schnell
verloren wir uns doch aus den augen
auch wenn sie schön waren, kannste glauben!

Was noch bleibt, Erinnerung!
Die verliert mann nicht und hält in schwung
den geist den traum die fantasie
behalten wir, verlieren wir nie!
Also glauben wir ganz fest daran
dass es wahr wird irgendwann ...
So wünsch ich Dir von ganzem herzen
einen mann zum lieben, spaßen, scherzen und ... so!
☺

Kapitel 10 - Wahre liebe Gedichte

"Die Blumenwiese"

Auf einer Wiese bunter Blumen
toben wir herum
wild gewachsen, frei im Wind
scheinen sie zwar stumm
doch erzählen sie mit ihren Farben
aus einer wunderbaren Welt
in der man sich, selbst ohne Worte
himmlisch unterhält ☺

ps: damit jetzt keine Missverständnisse aufkommen ...

Dies' Gedicht ist nur geschrieben
für die, die Wald- und Wiesenvögeln lieben ;-))

Auf einer Liegewiese kann man aber noch viel mehr machen!
Man sollte schließlich nicht immer nur an das Eine denken ;-)
Ich denke da zum Beispiel noch an ...

"Die Liebewiese"

Auf der wiese mit 'nem joint!
davon hab' ich lange zeit geträumt ☺
nur bin ich zu bekifft zum drehen
das kannst Du doch bestimmt verstehen?!
Also mach' ich da nur fließig liebe ...
weiß nicht, was sonst mir übrig bliebe :o(
tja, so ist es eben ... hart!
das dichteleben ;o)

Also, c.u. auf der wiese dann
gut gerollt mit DichteMann! ☺

106

hm ... ich merke doch, irgendwie kriege ich den Sinn des
Lebens nicht aus meinem Kopf. Es ist eben alles eine so
schöne Märchenhaft, wie in ...

"1000 und eine Nacht"

Hättest Du gern' tausend ...
oder nur die eine nacht?
Ich find's richtig und auch wichtig
dass die eine freude macht
Die anderen kannst' getrost vergessen
daran wollen wir uns nicht messen
nur die eine soll uns wichtig sein
nur die eine wird voll richtig sein
nur die eine regelt den verkehr
aber nur mit Dichter ... bitte sehr!
☺

Also, nicht verzagen, Dichter fragen!
Dann wird's schon klappen, irgendwann
denn der dichte DichterMann
macht ...

"Nichts außer Liebe"

Ich habe nichts was ich Dir geben kann
außer Liebe von 'nem treuen mann
Die hab' ich mir vom papst geliehen
der hat schon schlimmeres verziehen

All mein geld hat er dafür genommen
ich bin geläutert und verkommen
zu einem herzlos armen mann
der Dir erkauften anstand geben kann

Gebüsst hab' ich so meine sünden
das wollte ich Dir nur verkünden ...
Nun können wir uns in reinheit trauen
und ich dann Deine mitgift klauen!

aus liebe,
dein gläubiger
:o)

Nein! Das ist doch schäbig ... aber Gang und Gebe in religiös
geprägten Kulturen. Zum Glück bin ich recht unkultiviert! ;-)
Nichtsdestotrotz sympathisiere ich gelegentlich doch gerne
auf die italienische Art, so wie der ...

"Casanova"

Jetzt denk' ich schon darüber nach
wie läuft das mit dem Erben!?
Scheint Dir das zu weit gedacht?
... ich red' ja nicht vom sterben!
Ich dicht' Dich nur ins koma rein
dann mops ich mir den erbschaftsschein

Wer hier was von wem bekommt
das sollten wir besprechen
Das kann ja schon mal wichtig sein
für's perfekte verbrechen

Mein plan der läuft mit viel geschick
und ohne blut vergießen
Im gegenteil! Du wirst die zeit
bis dahin sehr genießen ...

soulong,
der Casanova

Mein Traumopfer hält das Casa sauber! Sie ist emsig wie ein Bienchen, macht sich hübsch für mich, pflegt die Wohnlichkeit und legt liebliche Honigdüfte für mich auf. ☺ Wenn ich heimkomme begrüße ich sie …

"My Dear Honey … "

Du bist der honig meiner wabe
und die nahrung meines volkes
Süß! ist was ich von Dir habe
wenn ich an der wabe schabe
und mich an des schöpfers gabe labe

Ich bin dafür geschaffen
süßes zu vernaschen …
honig hab' ich oft probiert
darauf bin ich programmiert!

Danach wird's kommen wie es kommen muss
nach dem naschen ist dann erstmal schluss
sonst verkleb' ich mir die backentaschen
und könnt' nicht mehr an anderen naschen ;o)

Dein SauBär, dem schon der Magen brummt ♥

… dazu flüstere ich ihr ins Ohr …

"Ich will mehr"

Ich will Dich! Mehr
das ist nicht fair
als Du mich!
glaub' ich …
♥

Nun weiß sie schon, ich führe da …

"Was im Schilde"

Vielleicht glaubst Du nun ich spinne
und hab nur eins im sinne!
Dann bist Du recht im bilde
denn ich führ' da was im schilde …
Was ich hier mit Dir spiele
versuchen sicher viele
doch nur einer der so dichten kann
"… Sag du's mir!"
Wer ist der schönste dichte Mann?
;-)

Selbstredend bin ich ihr Dichtester!
… und ich frage sie …

"Spielste mit?"

Kennst Du "Wahrheit oder Pflicht?"
nu' tu' nicht so als kennst Du's nicht!
Nur, die pflicht, die geht hier nicht
darum musst Du die wahrheit wählen
und einen hier mit küssen quälen ;-)

Tendenziell, bist Du da ehrlich!?
Das fände ich jetzt wirklich herrlich!
Denn würdest Du versuchen Dich zu drücken
wären's tendenzielle wahrheitslücken!

Und nun der erste spielversuch
wen wirst Du küssen …
hier in deinem Gästebuch?!

Hoppla! … jetzt habe ich mich in der virtuellen Welt doch glatt verträumt … aber es geht ja um die reale Onlinebörse! Vervirtuellte Gästebücher … allerdings nicht mal da wollte mich eine küssen ☹ … Es gab nur Antworten wie …
"Dich bestimmt nicht!" … hm … Wieso denn?
Verstehe ich nicht! … Irgendwie sind das ganz schön prüde …

"Spielverderber"

Ich sag' es jetzt mal etwas herber …
nicht küssen tun nur Spielverderber!
Willst Du Dich hier vorm küssen drücken
dann wird's küssen vielleicht niemals glücken

Du solltest dich nun schnell entscheiden
denn wer nicht küsst hat viel zu leiden!
… und zu der pflicht da kommen wir später
ich hoffe dann gibt's kein gezeter ;o)

Also, nun der zweite spielversuch
einen wirst Du küssen müssen
hier in deinem Gästebuch … ! ☺

Beim besten Willen, die Frauen waren trotz allen Tipps und Tricks nicht zum Küssen zu bewegen. Was wollen die denn überhaupt … ? … gleich Liebe, aber keinen Sex? … und Männer wollen erstmal Sex aber nicht gleich Liebe!?
Was ist wohl realistischer!? … Weißt Du's, oder …

"Weist Du Durcheinander"

Durcheinander bringt's doch nicht!
alle zusammen … zu viel gewicht
also mach' ich das schön nacheinander
das singlehopping und gewander

Ob ich auch auf Dich drauf springe?
... wär' ja schön wenn das gelinge!
nur halt' ich Dich dafür zu schlau
Du weißt es besser ... Ganz Genau!
Du weißt ... es würde Dir gefallen ☺
unsere lust würd' aus den fenstern schallen
die nachbarn würden sich beschweren
weil wir uns so begehren ... ♥
☺

na ... und!?

So schlecht ist das Durcheinander doch gar nicht ;-)
Man muss nur immer sein Ziel vor Augen haben ... Was willst
Du? Schau mich an! Schau auf mein Herz. Was siehst Du? ...
"best before last year" ... aber sieht gut aus! Es ist für Dich!
... zum knabbern! ... Was suchst Du ... ?

"Sexsklave gesucht?"

Wie wär's mit mir als Dein' Sexsklaven!?
... oder suchst Du ein' gewöhnlich braven?
Ich bau' Dir keine pyramide
sondern mach' mit Dir nur fleißig liebe!

Willst Du dass ich einen baum Dir pflanze
dann musst' mich packen an meinem schwanze
doch darfst Du da nicht nur dran ziehen
sonst werd' ich schnell zur nächsten fliehen ...

Ich such' dann eine, dumm und nett
die krieg ich leicht zu mir ins bett
denn nur wer leicht liebt wird es finden
um was die "schlauen" sich nur schinden ...
☺

Ich will mich nicht schinden! ... und wenn wir zwei dann eine leicht liebende Traumfrau gefunden haben ... also, ich meine Er und ich, dann werden wir unzertrennlich!... Ich habe über Ihn auch schon ein Gedicht geschrieben. Es heißt ...

"Er"

Wohin ich auch immer gehe
Er kommt mit mir mit
ein treuer freund begleitet mich
auf jeden schritt und tritt
Was immer ich auch tue
Er ist mit dabei ...
mit einer frau, es ist Ihm gleich
von Ihm aus gehen auch zwei

Eifersucht, die sieht Er nicht
denn Er ist blind vor liebe
wenn er kann steht Er dazu
und ich bekomm' die hiebe ...
von denen, die Ihn nicht verstehen
so wird's wohl ewig weiter gehen

Manch' emanze sagt sogar
ich wär' von Ihm gesteuert
das ist nicht so, das hab ich ja
schon tausendmal beteuert ...
Es ist doch klar wer wem hier folgt
also schluss mit den gerüchten!
Denn ohne mich könnt' Er nicht mal
vor den emanzen flüchten!

Vor einer vernünftigen Traumfrau werden wir natürlich nicht flüchten müssen, sondern das würde der Beginn einer wunderbaren Freundschaft! ... Sie, ich und "Er" ...

"Der Stachel des Skorpion"

Ich sag' es besser gleich vorweg
und hoffe Du kriegst keinen Schreck
denn der Stachel des Skorpion
zollt Deiner Anmut holden Lohn

Ich glaub' Du wärst die Frau für's Leben
mein Traum wär', Dich würd's zweimal geben
zu dritt bringen wir die Welt zum beben ...
hossa ... so möcht' ich's erleben! ☺

Ein Lied, für Euch, würd' ich Euch singen
dazu die Englein sanft im Chore klingen
unsere Körper sich im Rausch verschlingen
unser Atem, rasch nach Luft will ringen
Jaaaaa ... Das ist wahrer Lüste Trieb
völlig klar, wir haben uns lieb! ♥

Ich würd' Dir auch ein Schloss versprechen
doch kühne lügen tun sich rächen ...
dann bekenne ich, auf knien gekrochen
ich hab' mich aus versehen versprochen ☹
ich muss gestehen, ich hab' gar Keins
aber hätt' ich Eins, dann wär's auch Deins!

Fettnäpfchen! ... sind mir nicht peinlich
und wenn ich lüge, dann nicht heimlich!
wär ich Eins ... gewiss nur Deins!
und ich hoff', Du wärst dann auch nur Meins ☺

Nun komme ich zu der Moral ...
Du und Er wär' meine Wahl
denn mein wilder Skorpionstängel
würd' nur für Dich ein treuer Engel ;-)

Engel, Treue ... Das klingt doch alles viel zu romantisch! Wer braucht das schon?! Eigentlich würde ich auch viel lieber etwas mehr zu sehen bekommen ... ! Also versprach ich Ihr ...

"Nur mit Dir!"

Lola, Du mein traum, mein wilder
es fehlen noch paar neue bilder
und müh' dich nicht um kleid und klinger
mir reicht's Du trügst mein' ring am finger

Nakischt fotos wären schön
doch sollte sie nicht jeder sehen ...
Nun sagst Du *"nein auch du nicht, bub*
du hast jawohl'n schamlos schub" ...
Aber nein, schamlos wär' ich nie zu Dir
doch ich hätt's gerne etwas wilder hier
... und natürlich ... "NUR MIT DIR!"
☺

Die erwünschten Fotos blieben natürlich aus, aber das gewünschte Motiv wollte ich mir ja sowieso lieber im Real-Life anschauen ...
Echte Liebesgedichte sollten mir dabei helfen!
Ich wartete nur noch auf den richtigen ...

"Moment!"

Man kann die Liebe nicht erzwingen
so wird das nie gelingen
Wichtig ist nur der Moment ...
und dass man ihn erkennt!

Nur wo in Gates Namen ist hier dieser blöde Digitalcounter versteckt, der mir anzeigt wann ich endlich dran bin ... ?

Kapitel 11 – Ganz liebe & Liebesgedichte

Mein Traumopfer hatte sich immer noch nicht blicken lassen,
aber das störte mich nicht sonderlich, denn schließlich war
ich im Wesentlichen ja zum Dichten auf der Börse und hatte
nebenher sowieso kaum Zeit für Frauen!
Mann weiß doch wie einnehmend Die sein können ... und
außerdem wollen Die ständig, ewig und ...

"immer nur knutschen"

Im stehen kannst Du mich nicht küssen
Du wirst wohl high-heels anziehen müssen
wir können auch faul im gras rumliegen
und lassen schmetterlinge um uns fliegen

ε⋇З

Dann könnten wir's im liegen machen
im liegen gehen auch andere sachen
die gehen zwar auch im stehen
aber längst nicht so bequem

auch beim baden voller wonne
dann am strand in praller sonne
oder in der badewanne
mit erfrischung aus der champuskanne

weiter geht's gleich ohne lücken
wenn wir dann im bett frühstücken
das macht so schöne flecken
auf den frischen wäschedecken

man sagt ja auch es wär' gesund
sich viel zu küssen auf den mund
aber nur zu küssen ist tortur
wenn's dann bleibt beim küssen nur ... ;-)

Diese Knutscherei ist auf Dauer eben genauso langweilig wie immer nur Gedichte … und dichten … buhaaa …
Geh mal einen Kaffee trinken, oder mach's Dir selbst … etwas schönes! ☺ Man braucht ja auch mal Abwechslung!
Zum Beispiel, ein …

"picknick"

Hola, schöne frau! Sag, was treibt dich hier her?
suchst Du etwas spaß, oder fällt Dir das schwer?
denn was man hier so erlebt, auf der Börse.de
da sag' ich meistens nur … oh je oh je!

Trotzdem gibt es hier sehr viel zu lachen
man sollte dann nicht zu viel ernst daraus machen
und sucht man hier nur so zum zeitvertreib
ist die liebe, wo immer, vielleicht auch nicht mehr weit …

So schärft man die sinne, auch beim börsen-gespinne
und mit ganz ganz viel glück, kommt was gutes zurück
man braucht nicht viel geben, man kann es sich nehmen
wie es ist … meistens mist! ☹
… denn an so wunderschönen sommertagen
sollt' man besser gleich nach einem picknick fragen!
☺

Das war doch eine tolle Idee. Ich hatte auch gleich nach der Körbchengröße gefragt … muss ja alles reinpassen wonach einem so der Appetit ist ;-)

Das gute beim virtuellen Frauen-Fischen ist, dass man seine Rute nach mehreren Fischchen gleichzeitig auswerfen kann, ohne dass sie's merken! Sie sind ja schließlich stumm und können nicht miteinander reden … Das ist zumindest ein klarer Vorteil gegenüber dem realen Leben …

Man kann beim Online-Picknick, ohne Problem,
nebenher noch ...

"angeln gehen"

Goldig fischlein, blaues wasser
spring ich rein werd ich nur nasser
schwimmen, nein, das kann ich nicht
aber dichten kann ich ein gedicht

Ich schreib' es Dir aus weiter ferne
wollen mal sehen was ich draus lerne
ich tu' das so und so ganz gerne
denn wenn ich Dir zu nahe käme
Deine nähe meine zunge lähme ...

Auch vorm ertrinken fürcht' ich mich!
darum schreib' ich dies gedicht
und spreche so aus meinem herzen
das solltest Du dir nicht verscherzen!

Ich wünsch' Du wirst mein Schatz für's leben
was Du dir wünscht, ich würd's Dir geben
unsere träume sollen uns leiten
und auf unserem weg begleiten *(hust...amen!)*

Rund und dick, das sollst' dann werden
ich werd' den spaß Dir nicht verderben
dazu tun, was zu tun ist ... das mach ich klar ;-)
was dann draus wird, wird wunderbar!

Mein bestes stück, das wirst Du sein
mehr wert denn jeder edelstein
selbst alle schätze dieser meere
sind nicht wert wen ich begehre!

Ich berge Dich, dann bist Du geborgen
vertreiben werd' ich Deine sorgen
so angel ich nach Dir, mein Schatz
denn für Dich hab' ich hier grad' noch platz

Dein schicksal teilst Du nicht allein
meine andern frauen werden bei Dir sein
sie kümmern sich wenn ich bin fern
bestimmt kümmerst auch Du dich gern' ;-)

Jetzt kannst Du dich schon doll drauf freuen
ich geb' Dir 'n date, Du brauchst nicht scheuen
Du musst nicht betteln, sollst nicht flehen
ich hab' Dich für mich vorgesehen
doch ich werde weiter Angeln gehen
denn Angeln macht mich tierisch geil ...
Petri Heil!
;-)

Gibt es keine Fische mehr, dann hat's der Fischer schwer.

Zwischendurch, zur Auflockerung des Arbeitsalltags,
ein Sonntagsgedicht ... mal "ohne" Sex!
Es heißt ...

"alltagsgedicht"

lass die sonne rein
die sonne ist heiß
lass die sonne rein
die sonne ist mein
er!

... und der Trick bei dem Gedicht ...
brave Mädel verstehen "meiner" nicht ;o)

Ich suchte scharenweise nach besonderen, exklusiven, nicht scheuen und einzig-artigen ... Gedichten! Dafür brauchte ich Inspirationen. Frauen! So habe ich dann eben ...

"exklusiv gesucht!"

Niemals würde ich es wagen
exklusiv nach Dir zu fragen
doch muss ich mich gleich selber rügen
für meine exklusiven lügen
denn ich würde mir schon trauen
Dich exklusiv zu klauen
weil's mich wirklich sehr bestrebt
nach Deiner exklusivität!

Lieg' ich damit bei Dir schon schief?
Bist Du gar nicht exklusiv?
hm ... dann müsst' ich wohl woanders schauen
nach exklusiven singlefrauen ...
Das wär' jetzt aber wirklich schade
weil ich 'ne exklusive noch nicht habe ...
;-)

Exklusiv, so wurden sie gerne beschrieben.
Exklusiv klingt nach verlieben!
So lernte ich zwar viele kennen,
doch kaum Eine wollte mit mir pennen ☹

Aber das war mir des Dichtens wegen ja eh egal ;-)

Jedenfalls hatte ich mittlerweile eine Menge gesprächige virtuelle Begleitdamen in meinem Speicher.
Die ein oder andere wäre für ein Kaffeetrinken vielleicht sogar in Frage gekommen, aber meistens wohnten sie einfach zu weit weg ... Zu Besuch bei mir sind sie auch nicht

120

gekommen, obwohl das einige versprochen hatten ... aber wahrscheinlich nur um mich weich zu machen und taktisch darauf hinzulenken, dass Ich diesen ersten Schritt mache ... Aber seit wann kommt denn das Schwein zur Fliege? Das hat keine Zukunft ... Ich kenne mich doch!
:o)
Beim zweiten Mal muss Mann dann auch wieder kommen und beim dritten wird diskutiert ... und wenn man nicht kommt, dann heißt es gleich, *Du liebst mich nicht mehr* ...
Nee, das lasse ich besser gleich! Sollen sie doch zu Hause weiter pennen oder sich einen regionalen Traummann suchen!

Dennoch, der ein oder andere virtuelle Flirt reichte um die Fantasie zu beflügeln und die Dornrosen anzuwecken ...

"lecker! ... Der Dornröschenwecker"

Nun erzähl' ich Dir von letzter nacht
und was wir haben im traum gemacht
wie ich In Dir die lust entdeckte
und Dornröschen aus dem schlaf erweckte ...

Ich bin sehr lang' mit Dir geblieben
um Dich dann im schlaf zu lieben
im ohr, der klang gehauchter worte ...
uhhh ... ich glaub' ...
mein Dornröschen wird zur heißen torte ☺
ich konnte es echt gar nicht fassen ...
im traum! würd' ich Dich nie verlassen ;-)

Ist doch klar, dass ich nicht einfach gehe
weil ich's nicht so recht verstehe ...
erst machst Du mich so richtig heiß
na, dann will ich Dich ... um jeden preis!

Wie Du da liegst, ohne höschen
im traum seh' ich dein zuckermöschen ☺
so konnt' ich's virtuell nicht lassen
Dich sanft im traum auch anzufassen ...

Dann hast Du mich dabei entdeckt
im traum, mich zart zurück geleckt
es kam wohl mehr aus dem instinkt
klar, dass es dann gut gelingt ...

So weckten wir uns hundertmal
der wecker war uns scheiß egal
bis wir dann im schlaf versanken
und im traum noch für das wecken danken ...

Ich weiß nicht mehr was war real
im grunde ist das auch egal
denn ich habe wunderbar geträumt
im traum kein' herzenswunsch versäumt

Nun freu' ich mich Dich bald zu wecken
so scheu, wie ich mich trau' zu lecken ;-)
aber wer weiß das schon, wie es so wird
zur zeit bin ich noch recht verwirrt ... ♥

Also träume ich weiter, mache ein schläfchen
mit meinem nix-drunter-röckchen-schäfchen ☺
und ich träum' wir wecken uns real
noch öfter als einhundert mal ...
☺

Was gibt es Schöneres, als schön zu träumen!? ... Zumindest
ist das besser als nichts, finde ich. Aus inspirativer Sicht
jedenfalls! So gesehen vielleicht sogar inspirativer als die
Realität ... !?

Ach, die Frauen ... für ihr herzensgutes Engagement, meine
Gedichte zu lesen ohne mich zu sperren und mir ab und zu
ein paar Häppchen Inspirationsfutter vorzuwerfen, verneigte
ich mich selbstverständlich höflich, döoflich, dichterisch ...

"Ich verneige mich!"

Je länger ich Dich kenne
desto heißer fühlt's sich an
Wenn ich gleich nicht mit dir penne
dann brennt es irgendwann!

Also lass uns schnell mal starten
ich will nicht länger warten
Am liebsten auch gleich heute
denn heute bin ich leichte beute
weil ich gestern viel gesoffen hab'
und es heut' noch nix zu poppen gab ;o)

Ja, Du kannst mich mal ... kraulen!
Da würd' ich auch nicht maulen
ich würde mich erkenntlich zeigen ...
und mich tief in Dir "verneigen" ☺
knix! ... *hicks* ...

Man kannte sich, ohne sich zu kennen. Virtuell-Privat!
Natürlich pflegte ich auch normale Umgangsformen wie aus
dem realen Leben bekannt. ... Zum Beispiel Glückwünsche ...

"Zum Geburtstag"

Zum Geburtstag alles Gute
dicken Schmatz auf Deine Schnute
lieben Klaps auf deinen Po
und das Andere ... sowieso ☺

Nun zur preisgekrönten Froschkönigsdisziplin ...
"Die Dichtegeschichte" aus dem Dichterleben eben
und da es geht immer heiter, immer weiter ...

Dachtest Du ich hätt's vergessen
würd' mich gar an anderen messen
versprach ich Dir nicht ein gedicht!
Dachtest Du ich tu' das nicht?
Reimen kann ich ohne mühe
ich reim' sogar für blöde kühe
doch lieber reime ich für Dich
denn blöde kühe mag ich nich'

Für Dich da dicht' ich mit vergnügen
mit viel spaß und wenig lügen
ich nenn' es lieber fantasie
denn ohne die gäb's liebe nie!
So lausch' besinnlich dem gedicht
es geht ganz geil und heiter, schlicht
gemäß dem wunsch und den manieren
was man will sollt' man probieren ...

Ich möchte nun Dein herz erfreuen
ich versprech' Du wirst es nicht bereuen
nur machen musst Du's wie ich sag'
heute, morgen, jeden tag
dann werd' ich mich erkenntlich zeigen
und solang' Du möchtest bei Dir bleiben ...

Ich würd' sogar mit shoppen gehen
um Dich in neuem sexy zeug zu sehen
Davon kaufen wir ganz viel
bewirken wird das ganz subtil
nur dass ich noch lieber spiel
mit Dir in Deinen neuen klamotten

ich weiß,
wir würden schon beim shoppen poppen
noch bevor das zeug ist in den taschen
würd' ich Dich im shop vernaschen

Weiter geht's gleich etwas später
es sind zum glück nur ein paar meter
und wenn wir dann nach hause kommen
wirst Du gleich noch mal genommen
Dort dann aber etwas sanfter
im shop war es doch mehr verkrampfter
es ging ja nur im stehen
sonst hätte man uns gesehen :o)

Nicht dass mich das stören würde
doch ich denk' es wär' für Dich 'ne hürde
beim reiten über mich zu springen
und vor anderen halleluja singen
Also machen wir das dann zu hause
nach einer kleinen atempause ...

Ob im höschen oder röckchen
Du bist immer schön! Mein Sternenflöckchen ♥
so muss ich Dich noch mal verführen
Dich von fuß bis herz berühren
küssen möchte' ich Deine lippen
und an Deinen (ohr)läppchen nippen
doch ... nur langsam tast' ich mich voran
obwohl ich das auch schneller kann!

Ich mache das mit viel geduld
nur gib mir bitte keine schuld
wenn Du dann langsam explodierst
bevor Du noch von mir probierst

Ich denk' dabei eh nur ans essen
das sollten wir auch nicht vergessen
weil sex und essen, das ist lecker
von mir aus auch mit sau geklecker
denn die liebe geht uns durch den magen
darum wollen wir uns doch nicht beklagen!

Danach wir tanzen, eine stunde
weg, was ist zu viel der pfunde
und zum appetit anregen
dann noch mal 'ne nummer pflegen ...
und noch mal,
und noch mal,
und ...
und ...*♥Sauna-h♥*

gähn ... und nu' ??

Wirst Du das balsam meiner seele
dann hört's jetzt auf mit dem gequäle
aber ... bevor ich Dich für mich erwähle
Dich aus Deiner frucht ausschäle
möcht' ich poppen mehr mit Dir
am strand ... doch erst zu haus bei mir

"Oh je... dieser typ" ... wirst Du den wählen?
oder gar ... wird er Dich quälen?
find's heraus, Du Süße Maus
ich verspech's, ich zieh Dich aus!

"Aus!? Aus was?" das willst Du wissen
befürchtest es wär' schnell verschlissen
doch wahre liebe rostet nicht
als beweis nimm dies gedicht!

Wenn's Dir hier scheint jetzt schlecht gedichtet
vielleicht sogar die lust vernichtet
dann war ich wohl zu schnell dabei
nun, dann vergiss den ganzen brei!

Aber ich denke doch, wir schaffen's noch
das ding zu bringen ins rechte loch
zusammen zu führen was sich gehört
so haben wir's herbei beschwört!

Dichte ich zu viel vom poppen?
Ich will Dich damit echt nicht schocken
ich selbst find's etwas viel, derweil ...
doch grad' werd' ich schon wieder geil ☺

Nein, wir sollten zwischendurch auch schmusen
so beiss' ich Dir ganz zart in' busen
bis Du dann ausfährst Deine tatzen
um mich wieder voller lust zu kratzen

Dann geht das spiel von vorne los
... oh my god ... was ist das bloß?!
So kommen wir doch nie zum ende
doch das gedicht bräucht' mal 'ne wende
nur fehlt mir da die fantasie
denn aufhören will ich mit Dir nie ...
☺

So geht es dann immer heiter, immer weiter ...
Als Mann der Muse hat man nun mal nichts Besseres zu tun,
als sich ständig nur mit Sex zu beschäftigen!

Jedenfalls hat dieses Tatsachenberichtgedicht bislang noch
jede Frau, bei der ich es zum Einsatz brachte, von meinen
Qualitäten überzeugt! ... und dann, irgendwann ...

"Liegst Du da …"

Liegst Du dann in meinen armen
spühre ich! Deine boobies diese warmen
erbarmen! Was soll ich wollen mit diesen tollen
dingern! Die machen mich so heiß an
das regt sogleich mein schweiß an
Deiner brust! Voller lust
ich hab's gewusst das tut so gut
wie gut das tut Dich zu
erregen! Ein segen
meinetwegen
Liegst Du
da …

"jahaaaaaaaaaaaaa …" ☺

Ich hatte nun zwar langsam den Dreh raus, wie mann Frauen
virtuell gefügig macht … aber mittlerweile hatte ich im Real-
Life eine Perle kennen gelernt, die mich davon überzeugte,
dass ich überhaupt gar keine weiteren Frauen brauche! ☺

Sie ist wahrhaft meine …

"Traumfrau!"

Du weckst mich morgens mit 'nem kuss
bedauerst dass ich aufstehen muss
aber freust dich wenn ich liegen bleibe
und es noch mal mit Dir treibe …

Du machst die arbeit dann für mich
zum dank dass es mich gibt für Dich
schöner kann's Dir nicht geschehen
als mich rundum glücklich zu sehen!

Sollt' ich einmal 'ne andere haben
kannst Du das auch gut vertragen
und nutzt die zeit Dich auszuruhen
mehr hat 'ne Traumfrau nicht tun ... ;-)

www.youtube.com/watch?v=taI-OjlfQLk

Der Filmausschnitt, den ich dazu auf YouTube hochgeladen
hatte, war ein Ausschnitt aus einem Harald Junke Film, in
dem ein begehrter Schnösel seiner Verehrerin mit leicht
überzogen dargestellten, vergilbten Machoansichten erzählt,
wie seine Ideale Gattin zu sein hat. ... wirklich lustig, es gab
Frauen, die dachten, ich meine das ernst :o) ... äh ... ja, schön
ist es schon! ☺
Meiner Frau muss ich allerdings nicht erzählen wie sie zu sein
hat! Sie weiß es selbst viel besser! Sie ist eben eine ...

"SchlauFrau"

Schönheit sei von kurzer zeit, so sagt man
wer froh ist wär' meist breit, beklagt man
Doch wer das sagt wird Dich nicht kennen
vermutlich hinter falschen rennen

Wie Du bist ist ewig schön
ich meine das müsst' jeder sehen ...
könnt' ich Dich vor den andern verstecken
ich würd's nicht tun, die können mich lecken!
Denn ich weiß Du bist so SCHLAU
willst immer sein nur meine FRAU ☺
♥

Was es mit meiner realen Traumfrau so auf sich hat
gehört zum nächsten Kapitel ...

Kapitel 12 - Die reale Virtuelle-Ehe

Ich erzähle euch jetzt erstmal wie und wo ich meine Frau
kennen lernte ... auf einer Party ...
Meine Klamotten hatten zuvor wieder mal über Tage in der
Waschmaschine gemodert und daher hatte ich ganz ...

"gut gestunken "

Auf mutters party habe ich Sie getroffen
ich habe gestunken und war völlig besoffen
ich erinner' mich noch an das üppige trinken
ich wusste aber nicht, ich würde so stinken ;o)

Ich weiß aber noch, Sie hat gut gerochen
und ich habe ihr gleich die ehe versprochen
Sie hatte keine chance vor mir zu flüchten
so kam es zu tratsch und vielen gerüchten ...

Später dann hat Sie mir erzählt ...
ich habe ALLE mit gestank gequält :o)
aber Sie hat sich trotzdem für mich interessiert
denn ich war der, der Sie mit schönem gestank penetriert!

Tja, und irgendwann, so wie es mir schien
konnte Sie dem schönen gestank nicht mehr fliehen
wie narkotisiert hat Sie es ertragen
romantisiert! ... würd' ein poet dazu sagen ;-)

Nun bin ich ihr süßer, statt kuchen
gerne kommt Sie mich besuchen
dann nascht Sie an mir, herb-süßlich
und hascht mit mir, wie üblich ;-)

Und jedes mal, so endet es
voller wollust, ohne stress ...
Sie macht mir keine klagen
denn Sie kann gestank vertragen ... ;o)

Also, insgesamt, rückblickend und ganz ehrlich gesagt
ich war zwar sehr betrunken
aber irgendwie, glaube ich, hatte ich
trotz gutem Riecher ... Gut gestunken! ☺

Und die Erkenntnis der Geschicht' ...
Virtuelle stinken nicht!
;-)

So kam es also gleich bei unserer ersten Begegnung im
besoffenem Kopf zum ...

"Heiratsantrag"

Willst Du mich für eine nacht ... ?!
und wenn die eine freude macht
dann werden's vielleicht zwei
mit viel glück sogar auch drei
Schaffen wir's bis vier
dann bleibst Du länger hier
mindestens bis fünf
und stopfst mir meine strümpf'
Ab sex kommt's dann erst in die socken
mit ohne löchern kannst' mich locken
aber erst ab sieben ...
sind wir eine woche treu geblieben
Wie's danach dann weiter geht
mal schauen ob's in den sternen steht
nur weiter möcht ich jetzt nicht zählen
und will Dich nicht mit zahlen quälen

Aber glaube mir, ich bin ein mann
der's sieben tage schaffen kann
das schaffte selbst der liebe gott
auch wenn herauskam sehr viel schrott
abgesehen vom Sonntag
den jeder doch ganz gern' mag
Also wirst Du meine sonntagsfrau
dann poppe ich Dich ganz genau
einmal zweimal dreimal … mist … !
bis Du dich verpisst … ☹
weil's ein anderer vier mal macht
das schaff' ich auch, wär' doch gelacht
also popp' ich Dich gleich fünf mal dann
brauchst Du keinen anderen mann
So freuen wir uns der sieben tage
bis ich über'n Sonntag klage
denn auf die ehelichen pflichten
will ich auch alltags nicht verzichten
Also machen wir uns alle tage
zu 'nem Sonntag … ohne frage! ☺

bis dann …
Dein SonntagsEhemann

Natürlich hielt ich mein Heiratsversprechen … und zwei Tage
später, am 21.07.2010 haben Honey & Saubär geheiratet!
www.willst-du-mich-heiraten.at

Aus Persönlichkeitsschutzrechten werde ich meine Honig-Frau
in diesem Buch "Honey" nennen. Das trifft es auch ganz gut!

Sie wohnt 600km entfernt und schaffte es erst 10 Tage nach
unserer Heirat zum Honeymoon in mein Luftschloss … ☺
In der Zwischenzeit hielt ich sie mit Gedichten bei Laune,
z.B. mit dem nichtganz unartigen Knutschgedicht, dem …

"Honeyfohlidibussidikuss"

Honey, meine liebste pigalle
ich ging Dir in die falle ... !
Gefühlt, hattest Du das vorhergesehen
aber gefühle kann man so und so anders verstehen ...
Nun sitz ich hier frei in der Honigfalle drin
frage mich nicht nach dem tieferen sinn
denn tief, insofern ... ist bislang nicht gelungen
dabei wär' ich doch so gern' schon tief eingedrungen ☺

Nun haben wir viel schönes noch nachzuholen ...
die hochzeitsnacht hatt' ich doch dichtend befohlen
also glaube mir das mal, was ich Dir dichte ...
und erinner' Dich an die "DichteGeschichte"!
Sooo sollten wir das dann mal machen ...
dann haben wir selbst ... liebend zu lachen ☺

Es wird dann mit uns wohl so weiter gehen ...
weil wir uns prächtig und mächtig verstehen
denn Du, die frau die mich begehrt
hat sich vor keinem gedicht gewehrt

Das werde ich (beschwer dich nich') besonders honorieren!
und ich werde es, vielleicht auch noch öfter probieren! ☺
... natürlich im sinne der "Dichte Geschichte"
weil ich auf stress und däs ... ganz gerne verzichte!
;-)
So, ... und was bei jedem schluß noch getan werden muss
das ist der Honeyfohlidibussidikuss!
Schmatz! ... SCHATZ!!
Schmackes!!!
Foh!
☺

Langsam wurde es mir mulmig ... entwickelte ich mich etwa auch zu so einem "Traummann" ??? ... Nein! Ich meinte es natürlich ehrlich, was ich sagte ... wie immer! ... und was habe ich schließlich schon gesagt ... ?!? ... nur Gutes und dass ich ständig an Sie denke ...

"Ich denke ... an Geschenke!"

Ich denke nur an Dich, Du gute
Du süßes geschenk mit frecher schnute
eine andere interessiert mich nich'!
deshalb denke ich nur an Dich ☺
Wieso sollte ich auch an andere denken
wenn nur Du! kannst meine sehnsucht lenken
und wie Du lenkst, mit viel gefühl
wo andere scheitern am kalkül

Bist Du so wie ich's mir denke
dann wird's ganz toll, was ich Dir schenke
denn beschenken möchte ich dich sehr gerne
nur wie? ... das geht nicht so aus dieser ferne!
Drum würde ich gerne in Dich kommen ...
und schon fühl' ich mich ganz benommen ♥
weil ich schon wieder an Dich denke
und unsere täglichen "geschenke" ☺

Ich will jetzt nicht sagen ich würde nicht lügen
doch ich möchte mich nicht unsres glückes betrügen
denn es ist doch ganz logisch und klar zu erklären ...
So ein schönes geschenk könnt' ich niemals verwehren!
☺

Und wie immer schenk' ich Dir am schluss
den Honeyfohlidibussidikussi ;.)

Das ist wirklich ein prima Geschenk!
Das macht Lust auf unendlich mehr ☺
Mir schien es wirklich, als wäre jetzt ...

"Ente gut alles gut"

Ich kann mich selbst nicht mehr verstehen
ich möchte mit Dir entenfütterngehen ;-)
Wie kann denn das bloß sein ...
werd' ich jetzt ein spießerschwein?

Gestern auf der party
da war ich doch noch der smarty
ich hatt' nur ziemlich viel gesoffen
davon bin ich heute noch betroffen :o)

Jetzt bin ich plötzlich ehemann ...
so sehr macht mich Deine nähe an
und ich weiß sogar wozu
weil mein beuteschema ... ist wie Du! ☺

Kannst Du das verstehen ... ?
Dann lass uns bald mal entenfütterngehen!

Bis gleich am Teich ...
Dein Brotkrumenscheich!
☺

Wer hätte gedacht, dass ich mal dran denke die Enten zu
füttern :o) ... aber na ja, es gibt eben so Momente ... !

Zehn Tage nach unserer Hochzeit war endlich der große
Tag ihres Besuchs da ... Aus dem geplanten Wochenende
wurde dann sogar über eine Woche Honeymoon ...
Ganz Saubär! ☺

"Sieben Tage"

Sieben schöne Tage waren wir ein Pärchen
nichts hat uns erschrocken
sieben heiße Nächte waren wie ein Märchen
kein Kommerz konnte uns locken

Alles können wir uns erzählen
wir haben keine Angst davor
selbst wenn wir uns im Herzen quälen
tragen wir es mit Humor

Die Verwandtschaft unserer Seelen
gibt uns den Verstand
den Zweifel einfach abzuwählen
unser weg steht Hand in Hand ...

Das Schicksal führt die selber Linie
wie auch unser Leben
wenn wir schlau sind werden wir
dem Schicksal uns ergeben ... ;-)

Sieben schöne Tage
haben wir uns geliebt!
Es steht doch außer Frage
dass es das auch länger gibt ...

((☺))

Ich war wohl einer leichten Verliebung ausgesetzt, denn nach
ihrer Abreise schrieb ich plötzlich Gedichte, die eher nach
einer Vermisstenanzeige klangen ...

"Ohne Dich!"

Ich wollte heute ausgehen!
ohne Dich
aber ich mag nich'
ohne Dich
wohin, weiß ich auch nich'
ohne Dich
manchmal ist es schlimm
ohne Dich
also bleib' ich heut' daheim
ohne Dich
wo könntest Du wohl sein?
ohne mich ...
wieso eigentlich
steht hier ständig ohne Dich!?
was stimmt da nich'?
frage ich mich ...

Ohne Dich!
... hm ... ;-)
♥

Tja, das ist diese ...

"Mist Philosophie"

Lang' hab' ich nach Ihr gesucht
ohne es zu wissen
wann Sie kommt und wer Sie ist
nun kann ich Sie vermissen
weil ich nun weiß, wer und wie Sie ist
und dass es Sie auch gibt
man könnt' auch sagen, ist doch schön
ich hab' mich glatt verliebt ...

Sicher bin ich mir zwar nicht
denn sicher bin ich nie
so ist's nun mal, das ist der Mist
mit der Philosophie ... ;-)

Als wir uns dann zum dritten Mal trafen, für einen fünf Tage
Urlaub in Italien, kam es unter steigenden regelbedingten
Emotionsschüben und alkoholischem Pegel zu ersten
Eifersüchteleien ...
Ich schaute offensichtlich den hübschen Stranditalienerinnen
hinterher ... leider waren die Kurven meiner Frau noch nicht
ganz so geschmeidig ... ☹ ... In ihrer letzten Beziehung hatte
sie sprichwörtlich etwas viel in sich hineingefressen ...

"Ohne Mästen geht's am besten!"

Wir haben uns ziemlich viel gestritten
meistens wohl aus Liebe
schöner wär' es, unbestritten
wenn's nur bei Liebe bliebe

Doch bei Liebe bleibt es meistens nur
wenn man nur so tut
als hätte man alles was man will
und alles scheint als wär' es gut ...

Aber nur der Schein, das kann's nicht sein
das ist wie eine Lüge
das mach' ich ganz und gar nicht gern'
weil ich selbst sonst mich betrüge

Irgendwann käm's doch heraus
dass da was nicht stimmt
weil sich einer irgendwann
dann seltsam doch benimmt ...

Seltsam wär's, mann würd' versuchen
Dich zu rupfen wie 'ne Weihnachtsgans
oder füllt Dich auf mit Kuchen
bis Du nicht mehr laufen kannst

Wer so was mit sich machen lässt
der scheint wohl gern' zu geben
nur frag' ich mich, denkt der auch noch
genug ans eigene Leben?!

Ich nehm' da meist kein Blatt vor'n Mund
sag' vieles plump und frei heraus
ich weiß das ist dann oft der Grund
für fehlenden Applause

Trotzdem scheint es mir doch richtig
und wie ich meine Dir auch wichtig
also für uns zwei am Besten
Dich nicht wie eine Gans zu mästen!
;o)

Das war ihr allerdings auch selbst klar … und meine
bestätigende Art und Weise, ihr gegenüber, etwas
überflüssig, hart und unsensible … ☹
Ich Porzellanladenelefant! … bin ich und bleibe ich!
:o)

In angemessener Portionierung bedeutet mir der gemeinsame
Essenzgenuss natürlich sehr viel! Den Spaß daran wollte ich
uns auf keinen Fall verderben.
Ihre Laune besserte sich auch gleich wieder, als ich ihr zum
Ausgleich für die mentalen Komplikationen ein kulinarisches
Komplimentgedicht schrieb, mit dem ich sie einlud zum …

"kochen zu zweit"

Hast Du Lust auf kochen zu zweit?
dafür bin ich jederzeit bereit!
Ich liebe es köstlich kulinarisch
und nehme Dich zum Vortisch, exemplarisch
damit Du siehst wie gut es mir schmeckt
wirst Du genussvoll abgeschleckt

Du bist mein Lieblingsaperitif
der Appetit führt mich in Dich, ganz tief!
Auch als Hauptgang kannst Du mich überraschen
und als Nachtisch möcht' ich Dich gleich noch mal vernaschen
denn Du bist für mich das köstlichste Menü
ich möchte Dich genießen, von morgens bis früh!

Und nicht zu vergessen, der gemeinsame Genuss
hält uns schlank beim essen, sogar mit Erguss!
Kuss ♥
;.)

Wenn sie nur nicht so eifersüchtig wäre, aus Angst Er könnte
ihr leibhaftig untreu werden ... dabei versicherte ich Ihr doch
bereits ... *Ihr seid füreinander geschaffen* ...

"Du und Er!"

Hast Du angst, Du könntest Ihn verlieren
vielleicht an eine andere?
Das sollte Er besser nicht probieren
das wäre eine schande!
Aber meine meinung zählt nicht viel
nicht für Dich und nicht für Ihn
auch glaube ich, gelegentlich
mag Er vor anderen nicht fliehen ...

Ich passe aber auf Ihn auf
weil ihr euch gut versteht
möchte ich, dass es mit euch
noch lange weiter geht ...

Ich finde ihr passt gut zusammen
das ist total harmonisch
ihr beide wollt den selben spaß
nur nicht nur platonisch!

Seid ihr euch nah, habt ihr euch gern'!
ihr kommt vom selben stern
also seid ihr euch, der herkunft nach
doch gar nicht mal so fern ☺

Nur tiefe liebe muss gedeihen
ich denke doch, das weißt Du noch
manchmal muss man Ihm verzeihen
denn Er sucht sie fast in jedem loch ... ;o)

So forscht Er fleißig nach den grenzen
da sollt' man Ihm nicht böse sein
Er misst sich nur mit anderen schwänzen
zum glück lässt Ihn nicht jede rein ;o)

Aber schafft Er's anderen untern rock
dann werde ich zum sündenbock
und Du machst Mir die hölle heiß
für dieses schwanzes überfleiß ;-)

Um dieser strafe zu entkommen
hätte ich Dich gern' genommen
nur warst Du leider noch nicht da
und Er machte ein paar andre klar ☹

Tja, blöde, aber weißt Du ...
das liegt ganz einfach nur daran
das ein schwanz nicht sehen kann!

Ich könnte Ihm mal eine brille aufsetzen
dann muss ich Ihn nicht wegen blindheit anpetzen!
;-)
... oder ich kaufe Ihm einfach einen blindenhund
dann stößt Er sich an dem gesund! :o)
nee ... pfui!
Ich werde Ihn atom-amoratisch bestrahlen
so soll Er für all seine sünden bezahlen!
:o)
... oder ich werde Ihm die augen einer muschi kaufen
dann guckt Er! und ich kann mich blind besaufen!
... ☺ ...
aber guckt Er dann nach schwänzen
dann hat's da für mich auch seine grenzen!
:o)

Und nun mal im ernst ...

Besser wäre es, wir würden uns vertrauen
und nicht auf blöde hypothesen schauen
sondern hoffen, dass der blinde dann
wenigstens noch hören kann!

Also sage ich Ihm ständig, behändig und offen ...
mein lieber schwanz, bitte lass das sein
und steck Dich nicht besoffen
in andere frauen rein!
;o)

... ich hielt es für das Beste, Honey das klar zu erklären
und sie dann mit einer Er-Füllung zu beehren! ... ☺

Meine Singlebörsenreimerei wurde von Honey natürlich auch ins Kreuzverhör genommen … aber ich konnte mich zunächst behaupten, mit einem Gedicht, das heißt …

"Kein Gedicht"

Ich würde gerne noch weiter dichten …
wegen meiner frau soll ich verzichten
denn sie sieht die ehe ziemlich züchtig
die liebe macht sie eifersüchtig ☹

Also dichte ich jetzt "Kein Gedicht"
nur was wird aus dem dichtewicht
wenn der nun nicht mehr dichten darf
wer regelt den gedichtbedarf … ?

Der dichter ist nun ganz gekränkt
weil seine frau ihn so beschränkt!
Würde sie ihm seine liebe glauben
dann würde sie's ihm doch erlauben … oder?
:o(

Auf diese Art gelang es mir, mit dem ein- oder anderen Gedicht, meine Fettnäpfchen wieder auszubügeln … und ich bekam sogar eine Lizenzverlängerung für außereheliches Reimen … ☺
Auf Dauer entwickelte sich das allerdings zu einem sehr mühseligen Verfahren, spätestens als es begann, dass ich mich selbst für kein Verbrechen ständig reimfertigen musste …
So viel kann ich gar nicht reimen ☹
Die Launeschwankungen bei verliebten Frauen, besonders wenn sie dann noch ihre Tage haben, sind mit Gedichten wirklich kaum in den Griff zu bekommen!
Wie soll mann das schaffen … dieser ständigen Wechsel zwischen Donner und Sonnenschein … ??

Schön wäre es, es gäbe ein' ...

"Allwetterreim"

Wärst Du für mich mein sonnenschein
würd' ich vielleicht auch Deiner sein
aber sonne gibt's meist nur im sommer
der rest des jahres ist gedonner ...
Damit mein' ich nicht das bumsen
sondern wenn die wolken in sich rumsen
also brauch' ich einen schirm
am besten aus allwetterzwirn!
Mist ...
ich fand kein Schirm, da viel mir ein
ich schreib mal ein' Allwetterreim ...
;-)

Aber so einen Reim gibt es natürlich genau so wenig wie ein
Lied zu dem immer alle tanzen.
Ich war hilflos!
Sollte ich jetzt sagen ... Raus mit der Liebe!
oder Aus mit der Liebe? ☹

"liebeRaus"

Ich habe keine Frauen ... nur eine!
Die Eine die ich meine ist einfarbig
blondhaarig!
Ich hätt's auch gern' mal bunter
das hält munter
aber ich bin wohl treu geboren
ich hab das nie geschworen
es ist halt so, meine Frau wär' froh
wenn sie's glauben würde
aber meine Gedichte sind auch ihr 'ne Hürde ...

144

Ich weiß nicht wann
doch bevor die Liebe geht schlecht aus
halt ich sie aus meinen Gedichten dann
Lieber Raus!

Ich wollte das Dichten nicht für sie aufgeben! Ich habe 200
Zicken, 150 Fakeprofile und 300 Emanzen überstanden …
und nun wollte mich meine Frau, von der ich eigentlich eher
Unterstützung erwarten würde, zur traurigen Kapitulation
drängen!?! … Da stimmt doch etwas nicht!

Nee, das geht so nicht, echt!
Schließlich bin ich doch …

"Der DichteKnecht!"

Der liebe dichten ist mir recht
ich bin nun mal ein dichter knecht!
Meine frau hat auch von provitiert
und zwar völlig ungeniert!

Versuchte sie nun mich zu stoppen
verlöre ich die lust am poppen
denn für einen dichter ist das höchste gut
dichten! … verzichten ist mitnichten gut!

Viele brachte ich zum lachen
wieso sollte ich das nicht mehr machen?
Schließlich ist's nur virtuell
und was ich dichte nur gebäll …

Von mir aus soll sie wieder einen suchen
der sie lieber lieb verführt mit kuchen
geheim sein eigenes süppchen kocht
und gemein dann andere püppchen locht ☹

Den kann sie dann gerecht beglücken
und mit eifersuchtsgefecht entzücken ...
aber bei mir liegt sie da völlig schief
und leider trifft's mich ziemlich tief ☹

Tja, nun muss man warten und mal sehen
wie lange wir uns noch verstehen ...
nur wenn sie mir nicht echt vertraut
dann hat der knecht auf sand gebaut!
:o(

Wat soll's ... ich hatte ja immer schon gesagt ...

Die Liebe richtet viel zu Grunde
darum lieb' nie länger als 'ne Stunde!
:o)

So! Das ist doch ein hübsches Schlusswort ...
Das war's jetzt mit der Dichtegeschichte!
Ende! ... ist doch spannend ... oder?

Es bleiben viele Fragen Fragen Fragen ...

Werden sich Honey und Dichtermann weiter lieben ...
glücklich ... bis ans Ende ihrer Periode?
Geht es frivol weiter im realen Leben?
Gibt es überhaupt so ein reales Leben? ... oder wird
DichterMann wieder der reinreimvirtuellen Dichteritis
verfallen?

Ich machte mir jedenfalls ernsthaft Hoffnung auf eine
Verlängerung ... ☺ ... Irgendwie kann das noch nicht alles
gewesen sein! ... Da war doch noch was offen ...
Zumindest wusste ich mit Sicherheit, es war ganz bestimmt
noch nicht alles so ganz im ...

146

"Analkanal"

Wenn Du es wolltest, dann würdest Du das was Du willst
genießen, wenn Du es bekommst ... Ich denke soviel ist klar
und da gibt's nichts zu widersprechen! ... Also ...
Ich warte nun nur noch auf "den Moment" wo Du murmelst ...
"Jetzt bitte! ... komm rein ... ich möchte deinen Schwanz ...
in meinem Hintern fühlen ... und deine Finger an den Lippen
meiner saftigen, Dich wollenden, sich nach Dir verzehrenden
Möse"
Du machst mich wild ... ich genieße die Rundungen und die
weiche Haut deines Zuckerpopos ... ich merke wie relaxt und
offen Du schon bist, freue mich über jeden weiteren Milli-
meter der Entspannung und dann ... komme ich langsam in
Dich ... ich bin in Deinen beiden Löchern, so sanft wie nur
vorstellbar ... es ist keinerlei Drängen nötig um in Dich zu
kommen ... mir ist, als wolle Dein süßer Hintern meinen
Schwanz in sich einsaugen, ich dürfte mich nur nicht zu sehr
wehren ... aber ... meine genitale emotionale Zurückhaltung
lasse ich in beinahe narkotisierenden Bissen in deinen Nacken
aus ... bis Du mit deiner Zunge ebenso unbeherrscht nach
meiner leckst, mich gefräßig von meinem Übermut zurück-
zuhalten versuchst und schreiend-mäßig die Lust mit
Schimpfwörtern verfluchst ... dabei werden meine sanften
Stöße in deinen Hintern immer impulsiver ... unbemerkt im
Wahn der Wolllust, bis Du von allem anderen ablässt um nur
noch meinen Schwanz in Deinem Hintern zu genießen ... und
ich dann meinen Saft in Dich gebe ... Du fühlst ihn in Dir! ...
und dann ... langsam entspannen wir uns ... erfüllt und
genussvoll ... bis ... "klingelingeling ..."

Oh, hoppla! ... Das war schon wieder so ein Fettnäpfchen :o)
Ich habe wohl kurz geträumt ;-) ... Das reimt sich alles nicht,
also gehört das hier eigentlich gar nicht her! ... Ein Patzer, so
kurz vorm Ende ... hm ... wie ungeschickt von mir! ... Sorry ☺

Möchtest Du ein Happy End?
Du hast' den G-Punkt schon verpennt!
Lies noch mal von vorne …
Schnapp Dir 'ne flotte Schnitte
und ende in der Mitte!

☺

Nachtisch - Reimsalat

Ein Reimkapitel mit historischen Hintergründen, aber ver-
zichtbarem Zusammenhang bezüglich dieses Buches!

Nur so viel sei verraten ... freilich habe ich noch wesentlich
mehr Schabernack angestellt und erlebt als hier zwischen den
Zeilen beschrieben ... aber das ist Privatsalat und hat in der
literarischen Öffentlichkeit selbstverständlich nichts zu
suchen!

Zum Nachtisch serviere ich aber noch ein paar dichterisch
monumentale Erlebnisse auf die ihr euch, wie auch auf alles
andere, euren eigenen Reim machen könnt ...
☺

Im Grunde ist es völlig egal was oder wie man es auf einer
Singlebörse treibt, schließlich gibt es nichts zu ...

"verlieren"

Was soll denn schon passieren?
Was hab' ich schließlich zu verlieren?
Schlimmstenfalls 'ne Liebe
die ich niemals kriege ... !
:o)

So wird man schnell zum Kamikazeflirter, denn die Ernst-
haftigkeit verpufft ... ... zu oft im Nichts!
... aber in Form der Gedichte habe ich mir zumindest einen
Teil der Verpuffung recyclebar konservieren können!
Wer weiß wozu es gut ist ... ?!? ... Für ein Buch zum Beispiel!
;-)))

Als eine meiner Bedichteten bemerkte, dass ich die selben Reime auch in anderer Frauen-Gästebücher poste war sie enttäuscht und beschwerte sich bei mir … *ein wahrer Dichter dichte nur exklusiv!*… Aha!? … also habe ich ihr …

"exklusiv gedichtet!"

Niemals würde ich es wagen
mich wie ein wahrer Dichter zu betragen
sonst müsste ich mich selber rügen
für des Dichters wahre Lügen …
Auch würe ich mir niemals trauen
einen anderen Dichter zu beklauen
weil's mich selber sehr bestrebt
nach der gewissen Exklusivität …
Also, wenn Dir nach mir der Sinn nun steht
exklusiviere ich für Dich konservierte Exklusivität!

Jawoll! … und auch wenn mich Keine versteht, bin ich doch …

"Der Frauenmagnet"

Ich wäre so gerne ein Frauenmagnet
nur so, aus der Ferne, weiß ich nicht wie das geht!
An mir kleben nur Nägel und Schrauben …
aber Frauen wollen meine Magnetkraft nicht glauben ☹
Ich denke mal, das ist wegen dem Silicon
so gesehen, physikalisch, versteh' ich das schon
und optisch kann ich's auch verstehen
denn Magnetismus kann man virtuell nicht sehen
und auch die Chemie, die stärkste Magie
die zieht nur an, wenn man sich küssen kann …
aber weil das im Netz virtuell ja nich' geht
ist's klar, dass mich da Keine versteht!
Der Frauenmagnet ☺

Eine Frau beruft sich gerne auf die Emotionalität, wenn ihr Verhalten logisch nicht mehr entschuldbar ist ...
Aus genanntem Grund behauptete eine mir privat bekannte Dame ... *Falsch oder Richtig wäre nicht wichtig, wenn es um Liebe geht ...*

"Falsch oder richtig-unwichtig?"

Eine Lüge ist falsch
oft im Schweigen verborgen
wer der Lüge nicht weiß
macht sich oft falsche Sorgen!

Deshalb ist falsch oder richtig
In der Liebe nur dann nicht wichtig
wenn man für sich richtig tut
und nicht verliert aus Angst den Mut
ehrlich sich zu präsentieren
um sein Gesicht nicht zu verlieren
denn dies Gesicht wär' nur ein schein ...
so fielen viele auf sich selbst schon rein!
:o(

Wieso bloß, machen sich viele Menschen selbst etwas vor und hacken dann auf denen herum, die das nicht machen ... ?!?
:o)
Kontroverserweise sagte gerade die Dame, die ich mit dem obigen Gedicht ansprach, dann auch noch zu mir ... *ich sollte mal etwas Schönes dichten und nicht solche hässlichen Proletenreime, die würden mein Handeln nur verderben ...*

In Folge ihrer emotionalen, schöngeistigen Positivität fühlte sie sich nach dem folgenden Gedicht ganz besonders auf den Schlips getreten ... dabei hatte sie mit ihrer Schöngeistigkeit

gerade mal wieder ihren Ex aufgeweicht, dem sie kurz zuvor
wegen eines anderen verlassen hatte :o)

Da stellt sich die Frage ...
Ist ein Schöngeist noch Schöngeist, wenn er Schöngeistigkeit
mit blinder Rücksicht als Mittel zum eigenen Zeck verwendet?
Ich fragte mich ... Wäre ich auch ... ?

"lieber Schöngeist"

Denkst Du Dir einfach alles schön
wirst Du vieles übersehen
denn interessant wird's erst in den Bereichen
vor denen Schöngeister schnell weichen
aus Angst jemand könnt's nicht verstehen
wollen sie nur Schönes sehen und sagen
um zu meiden dritter Klagen

Das "Schlechte" kehren sie untern Teppich
doch bald kommt's hoch ... da wett' ich!
Sei es noch so gut versteckt
Du! weißt bei Dir ist was verdreckt
und wird der Haufen dann zu groß
fällt er zurück in deinen Schoß

Dann willst' Dich vor dir selbst verstecken
denkst *"die Anderen, die können mich lecken"*
Doch der, der Dich dann lecken wird
hat sich selbst im eigenen Dreck verirrt ...

Ich meine, ist man lieber hart und ehrlich
dann wird's für keinen so gefährlich
und man sollt' es besser gleich zugeben
auch unterm Teppich liegt ein Teil vom Leben!
;o)

Ein Gedicht über Mein Eigenes Da- und Wegsein ...

"Neuzeit"

Sonne Mond und Sterne
die hätt' ich alle gerne
das Problem ist nur die Tageszeit
denn zum Mondschein bin ich meistens breit
Sterne seh' ich auch am Tage ...
das ist schon 'ne bizarre Lage!
Sonne reimt sich schön auf Nonne
nur, dass ich die nie bekomme
die pennt noch wenn ich Sternchen zähle
wahrscheinlich, dass ich die verfehle ...
denn leider sind bei Nacht am schlafen
Sonnen, Nonnen und die Braven ...
Ich weiß nicht was mir nun noch bleibt
mir braucht's 'ne neue Tageszeit!

Also dann, bis irgendwann ...
Auf die Neuzeit!
DichterMann
☺

Ein Allzeitgedicht! ... Es heißt ...

"Sonntag Morgens ... 16.06 Uhr"

Will nichts hören, kann nicht sprechen
Will nichts schreiben, kann nichts sehen
Werde erst mal brötchenholengehen ... :o)

Und dann gibt's ein schönes, ausgiebiges Sonntagsfrühstück
mit meiner Gattin! ... Täglich! ... Alles täglich ... ☺
Nur kein Zoff!

154

Manchmal ist Frau allerdings etwas stachelig, besonders wenn sie ihre Tage kriegt ... und der Putzfimmel kommt dann auch noch dazu ... :o) ... Im Fachjargon bezeichnet man das als ...

"Periodische Putztage"

Hast Du Lust zu putzen?
Dafür möcht' ich Dich benutzen!
Also komm doch einfach zu mir her
und stell Dich nicht so zickig quer!
Deine Putzwut kannst' bei mir austoben
ich würd' Dich dafür sogar loben!
meinetwegen periodisch ...
von mir aus auch mal unharmonisch
sauber machste später dann
natürlich nur für Deinen Mann
sonst würd' ich nämlich eifersüchtig
ein Mann, der putz ja nur so flüchtig ...
eine Frau, die nimmt das viel genauer
bei 'nem Andern ... würd' ich sauer!☹

Also, lass uns deine Tage doch mal sinnvoll nutzen
und in waagerechter Lage nur uns zwei verputzen!
... putze putze Häuschen ...
ich verputze mein Frau-Mäuschen!
☺

Es putziert immer alles im Hier und Jetzt!
. ... oooOOOoooohoOohhhhhmmm ... .

Trotzdem, zurück zu etwas anderem ...

Eine Bekanntschaft, die ich auf keinen Fall unerwähnt lassen möchte ist Pippi66, alias Beate Kredel.
Sie war auf Männerfang ... Kunden werben! ;o)
Sie klickte nur kurz auf mein Profil, wahrscheinlich ohne es zu lesen ... aber sie kennt die Männer ... schließlich ist sie "Männerforscherin" und Singlebörsenbuchautorin :o)
Wie vorprogrammiert, ungeniert, habe ich natürlich sofort zurückgeklickt, um zu gucken wer da guckt!
... zu weit weg ... und zu alt! ... nicht mein Beuteschema ...
Die Püppchen in meinem Wunschalter waren allerdings alle schon verschlissen, beziehungsweise hatten mich gesperrt, so dass ich mittlerweile und gezwungenermaßen schon dankbar dafür war, wenn ich überhaupt jemanden bedichten durfte, eben auch solche, die schon fast so alt sind wie ich selbst ... ;o)
Sie bekam ein Gedicht ... und bedankte sich angemessen überschwänglich für ...

"nur der die das eine"

Wie Pippi sich hier proklamiert
mit frechem Mundwerk, ungeniert
das weiß mann ganz genau
das darf nur eine Langstrumpffrau

Die Männer hat sie fasziniert
die Frauen bleiben unpikiert
würde das ein Mann versuchen
verhungert er vorm Singlekuchen

Doch jeder möcht' ein Stück erhaschen
auch gern' mal von der pipi naschen!
... ehem ... ihhh ... ui, pfui ...
Also irgendwie ... so insgeheim
schmeckt jetzt was nicht am Pippireim ;-)

Sie hatte ein sehr freches Statement in dem sie schrieb, sie wolle nur einen Mann für "die gewissen Stunden"!
Als Frau konnte man sich so was natürlich erlauben, ohne bei der Anmachquote Abstriche einzubüßen ... im Gegenteil! ;-)

Aber so oder so ... jede die sich bei mir für ein Gedicht bedankt, bekommt eine Zugabe ... bis sie sich nicht mehr bedankt! ;o)
Pippi hat sich bislang immer bedankt! Viele hundertmal ... :o)
Ich dichtete für sie, unter anderem, die universelle ...

"Pippi Fantasie"

Alle wollen nur das Eine
niemand sagt es wie ich's meine
denn "das Eine" ist nur die
pippi meiner Fantasie!

Rammeln kann sie wie ein Häschen
gammeln mit ihr ist ein Späßchen
So läuft der Alltag Stund um Stund
in der Villa Kunterbunt

Wer jetzt denkt, ein Freudenhaus
den kickt der Kleine Onkel raus
Ich habe nämlich grad' erfahren
sie will nur EINEN mit langen haaren!
☺

Ich habe lange Haare!
Ihre Danksagungen machten mich anhänglich ... und wir tauschten unsere Singlebörsenforschungsergebnisse aus.
Ich wurde sogar zu einem ihrer favorisierten Bewerber für den "Gewisse Stunden Job" ... ich witterte eine neue Chance, einen Euro zu verdienen ... ;-)

Selbstverständlich sagte sie mir nicht, wie sehr sie von meinem Mannesbild angetan sei, denn das wäre ja oberflächlich ... sondern sie gab vor, meine Gedichte so sehr zu mögen, dass sie mir sogar anriet, ein Buch zu schreiben ... Gewissermaßen ist sie mitschuldig an diesem Reimdisaster, denn sie förderte mit ihrer Komplimentierung meine Dichteritis! ☹ ... na, was soll's ... nun ist es ein Buch!

Ihr Buch ... "Augen auf beim Männerkauf" ... ist an dieser Stelle übrigens auch sehr zu empfehlen. Ein Tatsachenroman-bericht mit kreischendem Unterhaltungswert!

Ich dichtete zu ihrem Buch sogar eine ...

"Roman-Rezension"

HUMOR der wird hier GROß geschrieben
klein, dann das mit dem verlieben
so forschten forsche Frauen im Grauen
und ließen sich die Unschuld klauen ;-)
immer kleiner wurd's zum Ende
im virtuellen Sex-Gelände
die Hände wusch sich mancher schmutzig
lesen tut sich das noch putzig
aber kritisch sollte man es sehen
um es real auch zu verstehen ...
:o)

Pippi wurde kurz nach dem ich sie auf der Börse kennen lernte von den "Börsenrichtern" gelöscht, wegen angeblicher Eigenwerbung für ihren kostenlos downloadbaren Taschenbuchroman ... hä !?! ... na so was!
Sie ist allerdings genau so routiniert in der virtuellen Profil-reinkarnation wie ich ...
;-)

In ihrem neuen Profil war sie dann nicht mehr Buchautorin, sondern gab sich als "Küsserin" aus ... sehr ähnlich dem Dörnröschen.

"Der Pippikuss"

Pippi in der zweiten Staffel
mit einem Statement das mein Herz berührt
Fast hätt' sie mich zum zweiten Mal
geschickt mit ihrem Reiz verführt ...

Sie klingt weich wie Flauschvelour
Sie bittet um Dornröschen's Kuss!
Mit der Frauenmachotour
ist jetzt also erstmal Schluss!

Nun wird sie Viele testen müssen
in der Staffel mit den Küssen
sucht einen Helfer mit Instinkt
dem das Küssen dann gelingt

Ein Tipp dazu ist ratsam ...
Kauf viel Lippenbalsam!
;.)

Sie war vermutlich schon sehr ...

"Kuss geschunden"

Deinen Küsser hast Du noch nicht gefunden
mit der Suche hast Du dich abgeschunden ...
Nun sag' mir nur einmal wozu?!
Nur für ein' Kuss auf die *muh...*?

Immerhin hattest Du den einmal bekommen
danach hat er Dich nicht mehr genommen!
Er suchte wie üblich nach andern Schnecken
war dann feucht und fröhlich bei denen am lecken! ;o)
... und nu'? ... *muh...*!

So ist es der Pippi ergangen! ... Mittlerweile hat sie aber einen
anständigen Putzjob bekommen und deshalb, zum Wohlsein
ihrer Lippen, keine Zeit mehr für diese Internetflausen ... ;o)

Was genau die Pippi so alles angestellt hat, das müsst ihr
schon selbst lesen ... !
☺

Ich bin stolz auf Pippi Bea ... nur, sie ist mir zwei Jahre voraus
... und sie schrieb ihr Buch aus einer, meiner Ansicht nach,
unlöblichen Perspektive!

Noch was zur Börsenweltverbesserin, Pippi ... In ihrem
Gästebuch wurde sie von einem Sportsfreund kommentiert ...

>>*Frauen wollen doch nur belogen werden!*<<

Ein Mann muss Frauen nur dann belügen, wenn er sie nicht
überzeugen kann ... entweder weil Er oder Sie zu dumm ist.
... aber wer bitteschön, hat denn Spaß an dummen Frauen??
Für wen wäre denn das eine Herausforderung ... ?!? ;o)
Ein schlauer Mann sucht sich schlaue Frauen, die muss er
nicht belügen, sondern die kann er überzeugen!
Letztendlich ist es eine Frage von Respekt und den eigenen
Mannesmöglichkeiten ob Mann sich "Dümmere" ... oder
Frauen auf "Augenhöhe" sucht!
Selbst Einstein hatte übrigens mehrere Frauen ...
und DIE waren bestimmt nicht dumm!
;-)

Zum Glück sind meine Frauen ... ehem ... ich meine ... ;o)
Zum Glück ist meine Frau eine SchlauFrau ... und durch und durch ...

"Eine Wonne"

Es ist einfach eine Wonne sie zu knutschen, zu drücken, sie unter mir zu sehen, zu fühlen, ihre Haut zu schlecken, ... sie zu lecken! ... unseren Schweiß zwischen unseren Körpern zu verreiben, ihren Duft zu riechen, ihr in die Augen zu schauen selbst wenn sie sie genießerisch geschlossen hält ... ihre sinnlich weichen Lippen, ihre süße zarte Zunge, ihre Knospen zu liebkosen, ihren Zuckerpopo fest in meinen Händen zu halten, sie zu spüren ... wie sie mich spürt ...

Ich habe schon immer! gesagt ich brauche mal 'ne Frau wie sie! ... dabei kannte ich Sie schon immer noch gar nicht ... ;-)

Mysteriös! ... nicht wahr ;o)

☺

Happy Open End!

☺

Nachruf

Lola, penn' weiter ...

weiter geht's im Real-Life dann ...

Alles Gute!
DichterMann

merci beaucoup pour votre attention

o revoa

lö mätre,

foh
♥

Gedichtekolossar A bis Z

höher

weiter

Dichter!

www.dichtermann.jimdo.com

Besondern Dank an:

Bozana, Bea, Carolina, Gesa, Bettina, Swantje, alle lieben Börsenfrauen sowie auch den namenlos gebliebenen Zicken für ihre Inspirationen und Beihilfe zum Reimen ☺